神の解明

霊能者が読み解く
霊的実在と成長のシステム

三神間音
Mikami Manon

たま出版

はじめに

私は神仏を信じるものである。その私が恐れ多くも神を解体する試みを本書ですることになるとは、数年前までの自分には想像すらできなかった。

きっかけはコロナウイルスだった。世界中がウイルスの脅威に脅かされ、時間が止まったようになったロックダウン。下町の公園で、初老に差し掛かった私は、もう駄目だとひとり呟いていた。不遜ながら、東京オリンピックは開催されず日本に危機がせまりそうだと前年に予測し（私は霊視鑑定を生業にしている）、数人の信心深いお客様にはその旨をお伝えし、京都で祈るようにと神社仏閣を指示させていただいていたが、コロナウイルスは本当に想定外だったのだ。

私にとってコロナウイルスで変わり果てた世界は、従来の宗教感を揺るがすような、神が暴走してつくり上げた別次元の世界のはじまりのように感じられた。

人間の暴走を天地が怒って神様も暴走しているのか。ネットを見れば、コロナの由来、ワクチンの是非、陰謀論が盛りだくさんだが、私には真偽はわからないし興味もないので、ここで言及する気は毛頭ない。ただ、コロナが特定の組織や何者かによってもたらされた人工のものであっても、動植物から伝播されたものであっても、たとえ宇宙人からもたらされたものであっても、またこれに便乗した世界的なワクチンビジネスのために長期化したものであったとしても、私たちの日常が変わってしまったことに何ら変わりはなく、人類への神からの警告と読み取るべきだと強く感じたのだ。

二〇一二年にはアセンションが騒がれ、二〇二〇年には「風の時代」とマスコミで取り上げられ、この間、ＩＴは目を見張るほどの進化を遂げた。そして、人々のエゴイストぶりはそれを上回るほど加速している。

毎日、電車のなかで当たり前のように人々はスマホを開き、ゲームに興じ、ゴシップレベルのネットニュースを食い入るように見ている。もちろん、スマホの便利さは私もわかっているし、十分に恩恵を受けてはいるが、偶然に事故や事件現場に出くわした場合に、シャッターチャンスとばかりに動画を撮影する者すらいる嘆かわしい時代になってしまった。

他人の遺体に対する畏れや敬意はないのだろうか。人の痛みや苦しみにどうしてここまで鈍感になれるのだろうか。コロナでさらに浮き彫りになった他人への悪意、差別意識、エゴイズム。

はたして、神様は死んでしまったのだろうか。神様は怒っているのだろうか。それとも、スマホが神になってしまったのだろうか。

答えを先にいえば、じつはスマホでも神は創造していけるものなのだ。神は宇宙を創生したエネルギーであり、もとから存在し万物に光を与えているものだが、発展し成長し増え続け、私たちにも創造できるものだといったら読者は驚くだろうか。

神と仏と人間を商売にして生きてきた、市井に生きる私が、長年かけて体験し気づいてきた神様の正体をこれから紐解いていこうと思う。人類が本当に行くところまで行ってしまう前に、どうかみんなで良い神様を広め、良い神様を増やそうではないか。

神の解明◎もくじ

第一章　八百万の神は本当にいるのか

霊が始終あらわれていた懐かしい時代

「最近、幽霊が出なくなったよね〜」

知人の行者さんと久しぶりにお茶を飲んで話したとき、大いに盛り上がったテーマが幽霊の話だった。昔は霊がよく出たものだった、という話だ。今の若い人には想像がつかないかもしれないが、昭和ど真ん中の私が子供だったころは、万人に共通して見える幽霊というものが、確かに今よりよくあらわれたし存在していたのだ。

敏感な、スピリチュアルに関心のある自称〝見える人〟などでなくても、夏の夜道や真昼の畳の部屋など、どこであろうとそこに似つかわしくない風体の人がいきなりあらわれて驚き、誰だ？　と不審に思っているうちに消えてしまう、などはよくある普通の話だった。

人が亡くなる前や亡くなった直後に、直径十センチくらいの人魂と呼ばれる炎の塊が部屋のなかや道路を行き来するのを見たことのある人は一人や二人ではないだろう。カメラを現像したら、見知らぬ老人や説明できない異物が写ってしまう心霊写真なども頻繁に撮られていたし、地方では物知りのお年寄りなどが子供の疳《かん》の虫を退治するために呪文を唱えて、白い糸のようなものを指先から出させ、実際にそれを缶に入れたりしていた。

幽霊なども複数人で同時に見ることが多く、個人の妄想や幻視とはいい難いものだったし、スマホのカメラでオーブや不思議な色のエネルギーが神社などで撮れるような現象とは一線を画したリアル幽霊といえるものが、アナログカメラの性能の問題を差し引いたとしても、本当によく撮れていた。

実際、幽霊は日本でも世界でも頻繁に出没していたのだ。そして、幽霊が普通に出ていた世の中ゆえ、幽霊が出そうな場所、暗い夜道、幽霊に関する人やものなどに対する人々の恐怖心は、現在とは比べものにならないほど強かった。スピリチュアルブームで〝見える人〟が憧れられる現在とは大違いで、祖父母の代から拝み屋の私などは、子供のころから恰好の好奇心と嫌悪の対象であった。

小学生のころ、同時期に数人の女子から、近所の神社のお稲荷さんが我が家に向かって飛んで行くのを見た、このあいだは私の後ろに銀狐が見えた、といわれたことがあった。今の私なら笑い話で済ますだろうし、敏感な少女たちを通して我が家にご縁のある稲荷神様が来てくださった報告を聞けてありがたいと感謝もできるが、子供時代の私にはそういった神霊に感謝する余裕などもちろんなく、みんなからの異物を見るような発言や視線に怯えながら日々を耐えるのがせいいっぱいだった。

私の家は、祖母が俗にいう憑き物筋のような家系で霊媒能力に長けており、祖父はお寺で修行した民間祈祷師の家だった。お稲荷様とは特にゆかりがあるわけではなかったのだが、大小かかわらずはじめての稲荷社でも参拝に行くと必ずご利益をいただけるので、私は昔からお賽銭を多めに持っていくのを習慣にしてきた。神仏との結縁や契約、ご利益の話は複雑なので機会があればまとめて書こうと思うが、稲荷神には稲荷神のネットワークがあるのだろう。

魂魄とエクトプラズムとチャクラ

疳の虫は西洋霊学などでいうエクトプラズムであり、道教でいう魂魄《こんぱく》の魄であり（ここから魂魄の魂の部分は魂体、魄の部分は魄体と呼ぶことにする）、その魄体は骨と体液のエッセンスが中心成分だと私は思っている。

道教では便宜上、魂魄は三魂七魄ということになっているが、魂魄の数や解釈は多様で、目が二つ、鼻が一つのように定数で認識される類のものではない。だが、魂体より魄体が多いというのが定説だ。

この生命の元＝霊魂ともいえる魂魄は、通常は身体のなかに納まっているのだが、この魂魄を上丹田（ヨガでいうアジナチャクラ）、中丹田（ヨガでいうアナハタチャクラ）、下丹田（ヨガでいうスワディスタナチャクラ）のどこかに意念や呼吸法で納めて、生命力や潜在能力を強化するのが気功の修練である。

通常、魂魄は左の肝臓と右の肺に分かれて蔵されているということになってはいるが、要となる魂魄は合体してその人の生命の素となり、体内の中心にあるといわれている。魂体は陽に属し天とも捉えられ、火や電気のようで、かつ、いわば気体のようなエネルギーであり、魄体は陰に属し地とも捉えられ、魂体より荒い液体や薄いゼラチン質のようなエネルギーといえる。

お空に亡くなった人が帰っていくという世界共通の認識や、天国の神の国に旅立つという宗教概念はこの魂体に由来するといえるし、輪廻転生を信じる人にとっての転生する霊というのもこの魂体の部分であろう。

一方、魄体のほうは魂体に付随するような霊魂の本体意識ではないもので、感情や感覚記憶のみの存在とされており、ゾンビやキョンシーを構成したり、陰宅風水＝墓相では子孫にエネルギーとして影響を与える元になったり、比較的不幸な亡くなり方をした身内がいる家などでは、理由もなく部屋の床に水が溜まるなどの霊現象であらわれることもある。

沖縄でいわれる、体から出てしまうことのある魂＝マブイは、霊魂というよりこの魄体の部分が中心ではないかと思われるし、ハワイのカフナでもこの魄体の部分を本体の霊魂と分けて分類し、名を付けている。

魂魄が大きくなってだんだんに神になっていく

太極図であらわされるように、魂魄は陰陽なので合体する性質を保有しており、中心となる魂体と魄体は父方と母方の先祖由来の遺伝子情報や記憶を保持し、強固に合体して同体になっている。だが、人が亡くなればいったんは分解され、そのあとに他のものと合体することがある。

亡くなった後にもこの魂魄が強い意念により合体したまま残ったのが通常の霊魂といえるのだが、長期間存続する霊魂は意外とまれなのである。

この残存した霊魂が祀られ、第三者が祈りなどでたくさんのエネルギー＝自らの魄体の一部を捧げると、それらを纏って大きくなっていく。さらに、その霊魂を祀った人々が亡くなった後に新たに分解されない魂魄となり、その霊魂と合体して強大になっていく。これが神と呼ばれている存在である。

分解されなかった強い魂魄＝霊魂は、多数の人が魄体を捧げれば捧げるほど、祈れば祈るほど、霊的に影響力のある神社などの大きな御祭神になっていくわけである。

こういった、不特定多数の人々に影響を与える、神にはなれなくとも強い意念がある霊魂の場合も、一定期間は意念のある状態で存在し続けたりするし、分解し魂体魄体として漂っているあいだに人々にかなりの影響を与えるものもある。

一般的に、魂体と魄体が分かれた状態でも、仏教の回忌法要がおこなわれる数十年くらいのあいだは身内に対してかなり影響があるし、魂魄が分解されなかったものは数百年残存することもある（これが、強い恨みの決まり文句「七代先まで祟ってやる」という言葉の由来）。亡くなって二十年〜百年くらいの時期の魂魄＝霊魂が周りに対して最も影響力が強い感じがするが、これは、亡くなった直後から徐々に成長し、さまざまな魂魄や人間を引っ張り込み、意念も形態も霊団のように大きくなっていくからではないかと思う。

これらが時を経て、さらにさまざまな魂魄を受け取り巨大化していくと、さまざまな意念をバラバラに持つようになり、霊的磁場は大きくてもある種の威力が軽減され、無難な存在に落ち着いていく場合もある。

少数でも先祖の霊魂の激しい意念に振り回される人もいれば、先祖の霊魂に強い喜怒哀楽などの感情がない場合などは、体内外に多数霊魂が共存していても影響をあまり感じないだろう。

一神教の国などで、ほとんどの人が死後に天国に行けると信じている場合は、魂魄=先祖の霊魂もそういった意念なので子孫に供養を求めたりはしないだろうし、うるさく何かを要求する現象も起こらないだろうが、逆に子孫可愛さに守護霊としてがんばって動くこともない気がする。

合体して名前や性格を変えていく神々

神社などで祀られる祟り神や御霊神が無難なご利益神に変容するまでには、さまざまな祈りの儀礼や地域の無数の人の魂魄との合体がおこなわれてきたというのが真実であり、思いを残して亡くなった祟る霊魂が修行していい神様になったという発想は、人間側の常識的な推測に過ぎない。

頭でっかちの人は、神道も含め世界中のシャーマニズムの神が変容や合体するという霊的な現象を理解できず、同じ神様なのに姿や名前が違ったらいぶかしく思うだろうし、こんなご利益もあるよと役割が増えたら、勝手に自分の都合で神様を変えて拝んでいるとしか思えず、さらに神が持つ意念＝ご利益などはさまざまな人の欲望がでっち上げた子供騙しのように感じているに違いない。

だが、深く霊眼で見ると、人間世界の会社や組織と同じように成長し衰退していくのが神様の変容の過程なのだ。いま存在している各地の神は、名前が一緒でも霊的にはさまざまな個性を持った存在であり、たくさんの霊魂や魄体を巻き込んで成長し続けているのである。

個人で活躍するアーティストも、グループに参加したらその団体やファンに合わせたパフォーマンスを披露するし、メンバーが変わったらそのグループの個性も徐々に変わっていく。それと同じ、普通のことである。

戦争の歴史が繰り返されるのは、自分たちが生きていた時代の思想を盲信する強い意志の霊魂たちが集う霊団が存在するからであり、霊魂たちはほぼ昔の意識のままなのだ。特に神化してない霊魂は、二十～百年くらいで同系統の霊団をつくり活発に動くので、現在、世界中が急激に第二次世界大戦前のようなナショナリズムに高揚してしまっているのである。

だからこそ、霊魂はただの霊魂として供養して慰めるべきものであり、霊示などは盲目的に信じるべきではないのだ。人間と同じで、霊にも賢い霊や馬鹿な霊がいるのだ。

スピリチュアルや霊示は信じていいのか

最近は商業的なスピリチュアルブームで、修行をしたご先祖様しか守護霊になれないのですよねとか、私の守護天使が見えますかとか、はじめて会ったときに涙が止まらなかったので彼は絶対ツインソウルですとか、何かを盲信した上で答え合わせのためにやって来るお客様が増えて、全国の良識ある霊能者や占い師は困っている。中途半端な霊示がもたらす悪い影響である。

下手に人間でない、霊的知識の少ないエゴイストの霊の霊示ほど迷惑なものはないのだ。

霊団にいる霊は、自分の思いと同質の霊魂との共同思念ででき上がっているので、自分の見えている世界がすべてだと思ってしまうのだろう。外国といってもさまざまな国があるように、亡くなって霊魂として存在して周りに世界があったとしても、それはその霊団の特徴にしか過ぎないのだ。その狭い霊団の考え方が一部の人間のチャネリングを通して流布していき、普遍的な霊界の真理のように思われてしまうから困ったものである。

守護霊になるために難しい試験や修行があるのかどうかは私にはわからないが、その霊たちが自分たちで試験があると思えば試験をつくって受けることもあるのだろう。実際のところは道徳的な方便として、死んでからの修行のほうが大変だから今がんばりなさいと、賢い宗教の始祖や教師が人々に説いたというのが、霊界の修行が厳しいといわれる所以《ゆえん》だろう。

死後に霊となった人間が数百年しても同じ形で存続できるのか、輪廻が本当にあるかなどは、実際に死んでいないから私にもわからないのは当たり前だが、死んだ人にもわかっていないというのが本当のところではないだろうか。

私自身、霊的な経験から、これはこう、あれはこうと多少のことは答えられるし、自分の前世としか思えない現象も数回経験してきたので、輪廻転生を完全否定するものではない。が、核心的な問題に関しては一概にいえないとしかいえないのだ。これが、さまざまな霊体験の後、国内外の突出した霊能者や宗教者への弟子入りを経てやっと辿り着けた正直な感想だ。

どの思想もどの宗教もすばらしいところはあるし、それで悟りに達せられる人はいるので、存在意義はある。ただ、どんなに完璧に見える教えであっても、ある部分はある人々には適合しないという矛盾が必ずある。その矛盾に気がつきながらも従うのが神を信じるということで、盲目的に霊の戯言を信じるのとはわけが違うのだ。

教儀はあくまでも方便の部分が多いので、信じて自分を律するために使い、身を捧げてもいいのだが、頭で納得できないことを無理に納得したり酔いしれたりしてはいけない。

天国に行ける人、行けない人

たとえば、世界中で大昔から伝えられてきた天国というものは、はたしてあるのかないのか、大多数の日本人は結論を出せないか、苦笑いをするレベルだろう。本当のところどうなのだろうかといえば、あるところにはあるのである。イスラム教の人や信仰深いクリスチャンの人は強固な霊団を形成しているし、神と天国を強い意念で信じているので、亡くなった後も霊魂として存続し、天国に行けるだろう。江戸時代、日本人のほとんどが極楽浄土や地獄を信じていたため、かなり強い霊団が形成され、死後に皆が自分や周りの霊的ジャッジに引きずられて極楽浄土や地獄に行った、それと同じ話である。

本人の気持ちも大事だが、霊の世界ではこういった霊団の存在、霊的背景や環境も大事なわけである。信じるものが実際に救われる場合もあるのだ。

ある程度地上で広まった概念は、念体系となって存在するので、宗教でも何でも、霊的世界で同じように霊団となって存在している場合が多いのだが、それが宇宙を構成する真理とイコールではないのが難しいところである。学問や芸術の発展も、霊団が地上をリードしていることもあるし、関係がない場合もあったりするので、本当に一概にはいえないのだ。

今後、世界中で科学が進み、宗教教義が矛盾だらけだとして滅んでいったら、霊団や霊魂はどのように残存していくのか。肥大化した神すらも徐々に消滅していき分散していくのか、逆に霊団が我々を抑えるのか、私にはわからない。ただ、近未来には生きていたときに好きだったゲームのチームなどが霊団となり、人々が集まったりするのかもしれない。

いや、信仰なき人が神といってハマるレベルの趣味に対する念は、踏み絵やジハードも辞さない信仰者の魂魄の意志の強さと比べるとあっさりしているので、数年で分解し、ふわふわ魄体化する類のものかもしれない。それとも、想定外に強固な霊団として神を形成するのだろうか。

ガイドや守護霊とは誰のことなのか

宗教や霊的概念のなかに普遍的なものはあるが、呼び名や分類、細かい部分は人間がつくったシステムにしか過ぎない。ただし、人間がつくったシステムだからといって軽んじる必要はなく、それを絶対真理とは思わず、これはシステムなのだと理解した上で使えばいいわけである。

守護霊、補助霊、指導霊、ガイド、ハイヤーセルフ、チャクラ、ソウルメイトなどというものも、ある団体や人物が霊的世界や身体のエネルギースポットなどの説明を簡単にするために付けた便宜上の呼び名である。

たくさんいる友達のなかで親友は一人という定義がたとえあったとしても、友達が一人もいない人もいれば親友が三人の人もいるように、霊は霊でさまざまに存在し形状は一概にいえない。

俗にいうガイドや守護霊なども、そういった働きをする霊が自分をガイドや守護霊だと自覚しているわけではないし、当たり前の話だが、霊界で資格をもらっているわけではないのだ。

身体のなかのチャクラのようなエネルギースポットも千差万別で、万人が同じ状態であるはずがないのである。すべて各国、各宗教、各団体の共通認識にしか過ぎないわけだ。それをうまく利用して自分が気づきを得たり学んだりして役立てていき、結果として揺るぎない霊的覚醒を得ていければいいのである。

何を信じてもそれは本人の自由なのだが、それが絶対の真理だと知ったかぶりをしてアイデンティティにしてしまうと、エゴが肥大化して危険なわけだ。

まぁ、エゴが肥大化している人間というのは、何かを信じているのではなく自分に催眠術をかけて特別な何かになろうとしているだけで、霊的覚醒はおろか、せまい世間の評価しか信じていない場合が多いので、大した影響力など持たないのだが。

生霊が出て空っぽになってしまう身体

身体がある種の強い愛情や憎しみを持つと、生霊が出てしまうといわれたりする。それは、本人が知らずとも魄体が出ていってしまう状態だ。身体のなかに納まるか周りにあるべき魄体がそこにないということなので、健康的にもあまりいい状態とはいえない。

瞑想や気功などで空を目指すということなどは、魂魄を綺麗に合致させ魄体の余計な雑感情を取るので非常に心身に良いのだが、感情の強い人が一人で修行をすると、雑念がぬぐえず、黙って座っている分感情が強化され、マイナスの現象も起こりやすくなる。それゆえ、指導者の下での瞑想や気功修練、古典的な各宗教の祈りや行などが安全で無難といえるのである。

じつは、片思いだけでなくゲームやエンタメなどの仮想空間に夢中になったりしても、多量に魄体は出てしまうものである。余った魄体が外に出ていくくらいなら問題はないのだが、自分の本体の魂魄の合体している部分までが恋愛相手やゲーム、仮想空間の中に入り込んでしまうと、自分の健康維持やなすべきことにエネルギーが行き渡らなくなるので、快適な日常生活は成り立ち難く、最悪の場合は突然死なども起こり得る。

魂魄には遺伝子由来の先祖の情報が入っていて、肉体が荼毘《だび》に伏された後、普通は子孫や血族の人間の肉体に付属することが多い。

この魂魄や魄体がいわゆる先祖霊の役割を果たすのだが、本人と面識があってもなくても遺伝子情報が近ければ付くのである。これが場合によっては悪霊の憑依とみなされるし、場合によっては強い守護霊の人と評される原因になる。本人の性格や気分とはじつは関係があまりない。むしろ、こういった霊的状況によって気分や体調が変動してしまうことのほうが多い。

世界で消えていく霊現象と魄体

最近は、地球の環境の変化のせいか、この魄体がめっきり減っている気がする。そのため、先進国などでは宗教離れが起こるのだろう。スマホなどの普及で異様に電磁波が増えたが、これが魂体の代わりに魄体と合体してしまい、気づかぬうちに魄体が減っている可能性があるし、魄体を輩出する土葬が減ったのも大きな原因の一つであると思われる。ゴミなどの焼却の技術が上がったのも一因だろう。

霊魂として永遠の命を得たい人間には残念過ぎるし、私自身被爆者二・三世の友人も多いのでここで記すのも気が塞ぐ仮説だが、大きな爆弾、原子爆弾や中性子爆弾などで亡くなると、魂魄の魄体が消滅してしまう可能性がある。戦争で飢え死にした人や残酷に処刑された人の霊などの目撃談は昔からよくあったのだが、原子爆弾などで亡くなった人の霊を見た人が、犠牲になった人の数の割に少ないからである。

霊魂=魂魄は半物質なので、こういう仮説が立てられるのである。一瞬で亡くなったゆえに感情が残っていないだけかもしれないのだが。

魄体と土葬の関係

心霊写真が多く撮れたのも幽霊が頻繁に出没したのも、魄体が現在より多量に存在していたからだと私は思っている。魄体は骨や体液、ＤＮＡとも関係しているので、土葬からまだ百年経っていなかった昭和の時代の空中には魄体が多く残留していて、物質化した幽霊が多くあらわれたのが真実ではないかと思う。

イスラム教の国では今でも土葬だし、キリスト教も神道も本来は土葬で、ほとんどの世界宗教は土葬だったのだ。

魄体の存在を知っていたか知らなかったのかは定かでないが、血を流す生贄に実際に効果があったので、世界中の宗教儀礼では人身御供も含めて動物などを生贄として捧げてきたし、精液や経血を使う性魔術などが現在でも各地で存在している。残酷で不道徳に見えるので抵抗がある人もいると思うが、そこに何らかの効果があった可能性は否定せず、そういった行為の代償になるものを考えていただけたらと思う。

霊的世界は本当にミステリーなのだ。最近の混沌魔術などでは、生贄などに代わる新しい効果的な技法も編み出されている。

霊が物質化する元になる成分が魄体なのだが、自縛霊や幽霊も最近はめっきり目撃情報が減ってきた。幽霊というくらいだから、幽霊自体、もともと強い意図もない、魄体が膨らんだ念の塊にすぎないのだが、ここにゆかりがあってもなくても、魂魄の魂体のほうが加わる（強い自我意識を持った魂体が合わさる）と強い意志を持った霊魂となり、呪いの対象を脅かす怨霊や悪霊にもなり、成長すると神にもなり得るのだ。

事故現場などに残っている、いわゆる自縛霊が話したなどと私は聞いたことがないが、都市伝説などで、人々の恐怖心や悪意によって余計な話が加わり、多数の人間の怖い目に遭うという念がそこに加わることによって、自縛霊のいるスポットが危険なものになってしまうのだ。魄体として残っている自縛霊はただの霊で、気の毒という以外、問題はないので、「あぁ、事故で亡くなったのですね」と受け止めて合掌してあげるのがせめてもの礼儀だと私は思っている。

亡くなった先祖は子孫とともに動いている

私たち人間には、意識せずとも先祖の魂魄や魄体などが付いている場合が多い。ほとんど意念を発揮し活動しないものもあるが、子孫の魂魄と合体して本人の本体の霊魂を乗っ取るような現象を起こすこともある。実際の本人ではなく、先祖霊が子孫の体を借りて行動したり感情を吐露したりしてしまうのである。

魄体それ自体は感情や衝動の記憶しかなく、意志ある生命体とはいえないので、余計に子孫の気分を乱したりして鬱などにさせたりする場合もあるのだ。精神疾患の半分くらいは霊的原因ではないかと私は思っている。

私のような憑き物筋の霊媒家系は、近い親族内でも複数の精神病者と自死者、事故死などを出しているので、そういう病気の人に偏見があって書いているのではない。

幼いころからの私の症状は、どう見ても精神医学から見たら疾患であったが、霊能者から見たら神憑りの状態であったのだ。逆に、魂魄や魄体が内外に多数ある私のような霊的体質でないと、習ったことをオウム返しに語るスピリチュアルカウンセラーにはなれても、霊能者として生きていくことは厳しいともいえるだろう。私はたまたま他人の霊的状況をお知らせする癖のある、先祖由来の魂魄や魄体を保持して生きてきた。

すべての人間が家系の先祖の病気、性質、運命という歴史を繰り返しやすくなってしまうのは、本人の魂魄にＤＮＡが近いという理由で、肉体的遺伝だけでなく先祖の魂魄が纏わりつくからである。外観や性質がＤＮＡで遺伝するように、魂魄も輪廻の過程で直近のＤＮＡに沿って降りてきているようだ。

一般的には、強い霊魂となった魂魄は生命体であり、自我意識がちゃんとあるので無意識に魂を乗っ取るようなことはしない。亡くなった人の魂魄を生命体にたとえるということ自体不適切かもしれないが、ウイルスは生命体でなく菌は生命体だと思えばイメージがわきやすいだろう。

ウイルスのように、生命体でない魄体は魄体同士でどんどん合体する。菌のように生命体である魂体のほうもその魂体同士だけで合体し大きくなることはあるが、連なっても個の意志や存在意義は含まれたままの場合が多い。魂体の塊も魂魄の塊も、大きくなって多様化してきたら、多数決のように強いほうの意念に従うが、もともとの魂体の個はちゃんと残っている。

いきなり魂体魄体とチンプンカンプンな名前が出てビックリなさっている方もいらっしゃると思うが、この魂体魄体のたとえは神様の説明をわかりやすくするためのものと割り切っていただきたい。

あくまでもこういうシステムになっているのでは、と私が仮説を立てて説明しているだけなので、科学的な真理なのだと思わず、どうかご理解いただきたい。そうでないとすべてのお話が前に進めないので……。

たくさんの神々と諸仏の集う国、日本

最近はパワースポットブームも少し落ち着いてはきたが、どこの神社に行っても相変わらず大勢の参拝客で溢れている。神社の神様は、一神教の人からは理解できないくらい、メインの御祭神自体、合祀の場合が多く、ご利益も神名も本当にバラエティ

に富んでいる。

同じ神様でも呼び名は二つや三つどころではなく、実に多種多様である。元の神社から分け御霊でその地に鎮座された神様は、その地域の神様と合祀され、地域の人々の祈りを浴びながら神主やその祖霊、地域で亡くなった氏子や崇敬者の霊魂を招き、さまざまな要素を加え変容し成長し続けているのだ。

神社だけではなく、お寺の護法神や諸仏、諸菩薩も同じである。遠いインドの護法神や諸仏が日本の地で仏像として形づくられ、読経と祈りを浴びて、そこを守る僧侶達の祖霊を中心に、西方浄土や兜率天や宇宙の真理の仏法を信じる人々の念仏や題目や真言とともに成長し続けているのだ。

日本は基本的に神仏習合の国だというのが私の持論である。この神仏習合というのは、神道の神と仏教の仏だけというせまい意味などではない。もともとが神仏習合であったからこそ、ほかの宗教にも手を合わせることができ、文化的にも宗教的にもさまざまなものを吸収してどんどん大きくなっていけたのだ。

八百万の神様は実際にいるのだろうか。八百万の神を信じる人にとってはもちろん存在している。そして今でも増え続け、成長し続けているのだ。

第二章　神と霊のはざまで

誰だって死が怖いから神に祈る

神とは何だろうか。

人によって答えは違うだろうし、現代のように慌ただしい世ではなかなか神などという不確実な存在に対して興味を持てないのが普通かもしれない。しかし、私たちには確実に死が訪れる。私のような昭和青春世代で人生の折り返し地点を過ぎた方ならわかると思うが、時間は年を経るごとに本当に早くなっていき、あっという間に数年など過ぎてしまう。小学生のころの一学期くらいの感覚で数年経ってしまうのだが、自分の年齢と過ごした時間の割合を考えれば、その感覚自体は当たり前なのかもしれない。

　気づけば両親はもとより、お世話になった先輩や友人、かなりの方の訃報を聞くのが当たり前の日常に突入する。親しい人を亡くすと、誰でも死について考えさせられる状況になる。

　終活という言葉を含め、○○活という言葉が私は好きではないが、身の周りのことを早々と整理し終活するのも、死に対する向き合い方の一つだろうし、死ぬまでできる趣味や仕事に打ち込むのも、死の恐怖を忘れ前向きに生きるのにはよい行動だろう。

　死は必ず訪れる。生きた人間より霊と関わっていたような時期もあった私だってやはり死は怖い。いや、死が怖いからこそ死後の世界や霊や神の世界への希求が続いてきたのだ。自分や知っていた人や、ものや、すべてがなくなってしまうなどとは到底思いたくないのが人情だ。

　長生きしたくないという方もいらっしゃるが、私は知り合いなどなくひとりぼっちででもずっと生き続けたいし、死にたくない類の人間だ（もともと孤独なのでひとりは大丈夫だが、そんなことお構いなしにもちろん死ぬのだろう)。

優秀な導師のエゴを超越したお話に憧れ、日々がんばって瞑想修行していても、いただきものの硬いおせんべいをお茶なしで一気に頬張ったあげく、喉につまって呼吸困難を起こし、慌てふためいたのが先週の私の状態だ。よかった、死なないで……が感想なのだ。

中年を過ぎると唾液が減るので、無茶食いは本当によくないと思い知ったし、自分の悟りとはほど遠い、パニックを起こしやすい性質も同時に知ることができた。

私は、人間の生存本能が、霊魂という存在や霊団や世界各国の神話に出てくる神をつくり上げたのだと思っている。最初に霊魂=命があって人間に舞い降りたのではないと思っている。

人間はサルから進化し、人類は黒人女性からはじまったというのが今のところの科学的見解らしいが、それに異論をはさむ気はない。

新しくさまざまなことがさらにわかったら単純に受け入れ、きっとそうなのだろうと信じる一般人だ。馬鹿ではないつもりで生きてはいるが、科学者ほどの科学的な知性はないので、知らないことは普通に受け入れることにしている。

人類の宇宙人飛来始祖説などを信望する人は、どこかでサルや異民族などに偏見があるのではないだろうか。サルがご先祖様？　いや、遡れば微生物が先祖などということが、人間様のご自分ゆえに受け入れ難いタイプなのだと思う。私は毛深くありませんしサルになど似ていませんよというお気持ちなのだろうが、たくさんの動物のなかでは誰がどう見ても人間とサルは似ているほうだ。

宇宙人はいるだろう。私も宇宙人とのコンタクトとしかいえない体験を人生で二度ほどしている。テレパシーの一種だが、特殊な霊聴と異様な光を伴ったものだった。

俗にイメージされる宇宙人ルックの宇宙人には、会えたところで霊と同じ存在か、広がった情報による共同念や、それを信じる主になる西洋系の霊団とのチャネリングではないかと思う。または、優しいエンタメ好きの宇宙人が、人間の脳にそういった外観のイメージをテレパシーで送ってくれているかだろう。

深海の生物ですら想定外の形と生存方法で存在しているのに、宇宙からやってきた宇宙人が、目や鼻や口がある人間と同質な形態なわけはない。地球にやってきたとしても、意識だけのテレポーテーションの形であろう。そういう意味では、サルから人間に発展した過程や世界中の偉人の出現に、宇宙人が神的なエネルギーの形で意識のエールを送っている可能性は高いが、もとより、我々地球人も宇宙の一員、宇宙人なのである。

人間の生への渇望が霊をつくった

バッタが外敵から身を守るために緑色になっていったように、人間は進化の過程で死を恐れはじめ、宗教＝神という概念をつくり上げ、さらに、死を乗り越えてずっと存続し続けたいという意識から、死後の霊魂の残存や死後に行ける霊や神の世界をつくり出していったのではないだろうか。

ほとんどの宗教には、神が人間をつくった過程や人間の起源の話が存在している。私は、さまざまな霊術とともに宗教神話も色々と学んできたのだが、各宗教の人類創生話に人類の最初の歴史を垣間見はしたが、むしろそれ以上に、人間の霊的成長の過程を見出したことのほうが多かった気がする。

自我意識を育んでいった人類は、不死を目指していったのだろう。

望めばどんどん変化していく能力を生物は与えられている。最近のアンチエイジングや、医療や、ＡＩの研究などもその一環だ。同じように、数十代、数百代の時をかけて、死んだ後に意識を残す霊魂になるシステムを人類は開発していったのではないだろうか。生物とは時を経てもお互いに影響し合い、能力を分かち合っていくものらしい。

可視光線の存在が知れ渡り、世界中の書店でオーラの解説書が販売されてから、たくさんの人々にオーラが見えるようになってしまった。七つのチャクラに対応して、下から赤、オレンジ、黄色、緑……とお決まりの色が各チャクラに対応するということになっている。本当かどうかはわからないが、そう見える人にはそう見えるということである。

私にも、人と話しているときに相手の喉に青緑のチャクラが見えてしまうことがあるが、それはスピリチュアル系の仕事をしている人が相手の場合が多い。

専門的なヨギの本などでは、チャクラの形態や対応する色に異論を唱えるものもあり、そのグループにコミットした人には、きっと一般的ではないその形態でチャクラが感じられるのだろうし、チャクラに対応する色も見えるのだろう。

チャクラのシステムは、あるときそう感じた人がいて、それが団体や地域に広まり、さらに世の中に情報としてだけでなくテレパシーや魄体の形態になって伝播し、ついには霊団として確立するに至ったものであろう。

霊団が存続するためには、その情報にコミットするかなりの数の人間が必要であり、新たな魂魄を得られない霊団は何かほかのものに吸収されたり消滅したりの運命を辿ってしまうのだ。そして、霊団が存在するうちは、その情報にアクセスしやすい魂魄を引き寄せ続けるのである。

肉体すら意識や霊的背景で変わってしまう

私は、地上にあるさまざまな真実すら集合念で変わってしまう可能性を感じているし、学問や科学的な真理すら流動的なものではないかと思っている。霊媒の血筋のせいか、私自身、別人のようによく顔が変わるし、数年前は一日で数センチ身長が伸び縮みしてしまい自分でも非常に奇妙だった。一緒にいたお客様たちに気持ち悪がられ、ついに笑われたこともあった（当たり前である）。

鬼籍に入られた私の古武術の師は、瞬間移動（アポーツ）が実際にでき、なくなったものを空間から取り出したりなさったが、非常に体力を使うらしく、やり過ぎると床に伏しておられた。また、アポーツで出したものはなぜか一部が焦げていたが、これは師が魂体の力でおこなっていたからであろう。

伏せたトランプカードの数字を透視で完璧に読める方で、これは楽々といつでも披露してくださった。あるとき、師がトランプの裏を当てているのを見て、ふと、裏を読んでいるのではなく師がいった数字のカードがめくるとあらわれてくるのではないかと考えさせられたことがあった。トランプをめくるまで数は決まっていないような感覚とでもいおうか……天才的な武術家であった師ゆえに、事象をコントロールする力で数字を呼び込んでいる気がしたのだ。

この師のもとで、強い念が事象をつくるということを直感から学んで、パラレルワールドの実在を肌で感じられたことが、私の霊的基盤になっている。

師弟関係は想像を絶するほど厳しいものだったが、その後のさまざまな修行の基盤になったので、若き日に常人離れした能力の高い師を持てた自分の運命と師には、今でも心から感謝している。

霊団というものには、霊団ごとにさまざまな特徴や、形態や規模の違いがあるようだが、霊団にも中心の霊魂にも寿命があるように私には感じられる。その寿命は短いものは数十年、長いものでも数千年程度だろう。

大きな宗教団体の神などは拡大し存続し続けてはいるが、時間がかなり経った場合に、元になった霊魂が自我意識を保持しているのか、団体意識のみになっているのかはわからない。第四章の「霊能者の見える世界」で霊視について詳しく説明するが、霊能者が神を見る場合は、人を見る場合と違ってリアルな人の形で見ることはできず、後から加わった魂魄たちのその神に対する平均的なイメージ、絵画的な姿で見えるという状況から、元の神本体の意識なども薄れ、同化していると思われるからである。

もともと人間も寝たら意識がとんでしまうので、神の意識が個か全体かなど考える私が幼稚なのかもしれない。

占いや秘伝は広まれば効力が消えていくもの

密教の伝授や占いの奥伝、呪術の秘伝などは、少数にしか伝わらないという前提、かつ伝わったものには絶対に効果があるという霊団の空間設定のようなものがなされている。伝授される人間は、一定の過程を経たり、大枚をはたいたり、自己犠牲を強いられることにより、それにふさわしい魄体を準備して効果を発揮していくという類のものだ。

昨今では、各呪術や道術などの奥伝や秘伝を動画や書籍に載せてしまう人がいるが、広まれば広まるほど何の効果もなくなるということに気がついていないのが残念である。

言葉や呪文や印に意味があるのでなく、修行の集大成として伝授がなされることに意味があるのである。もちろん、その言葉や呪文や印にも象徴や深い意味はあるのだが、そんなものを字面で理解しても何の意味もない。伝授されるところまできた者なら、それを自分なりに解読したり深く魂に入れて使いこなすところまできているはずで、それをさらに下のものに伝授していくのが義務なのだ。

同様の事象に占いがある。占いはもはやエンタメ以下になりつつあり、壊滅寸前である。理由は、当たらなくなったからだ。

占いにはさまざまな種類があるのだが、じつはどの占いも占い師も、縁のある人しか当たらないもので、必要のない者にはもともと当たるわけのない代物なのだ。

事業失敗、家族離散など、数奇な運命を経て、自分の人生を半分放棄する覚悟で、世間の後ろ指を尻目に生きる街の聖者が昔の占い師だった。今では、占いはネットで少し勉強をしてこれまたネットですぐに開業ができる、日本一お手軽なバイトになってしまった。

ネットで占いサイトが広がれば広がるほど、本来占いを信じない人や、その占いに縁のない人が無料で生年月日を入力する。それによって、コンピューターで精密につくられた命式は外れ、占いは、ますます誰も信じない心理ゲーム以下の無意味な娯楽になっていくのだろう。

奥伝といわれた占いも、パズルのようにプログラマーが解読したら、味気ない数字の羅列のこじつけにしか過ぎないと誰もが気づくだろう。占いは、元から科学的に当たるものではなく、縁あってその占い師のところにくる人に的中するという、霊的次元のものだったのだ。

勉強が中途半端な占い師ほど、占いは統計学だといい切るが、気学を学んだ私は、飛行機事故と方位の研究をして適合性が見いだせず挫折したし、姓名判断を学習していたころは政治家や芸能人、犯罪者の名前などを次々と鑑定してみて、占いは統計学ではないという結論に至った。

占いは霊的な象徴学なのだ。統計学なら文部科学省に認定されているはずである。占いは、当たることもある。というか、状況が整えば百発百中に近いくらい当たるのが実情である。戦前生まれの姓名判断の大家は、警察に頼まれ名前と霊感で事件を多数解決し、改名で人々の不治の病を治したりした。昔は、易者でもよく当たる人がいたものだ。それは、人々が滅多なことでは占いに行かず、占い師を特別なものとみなしていて、その占い師自体も滝行などをして日々祈り、お客様を救うことに人生を懸け、占いを盲信していたから起きたお話なのだ。

昔の占い師は、先輩から、占いの種類はあまりたくさん勉強せず、同じ先生にずっとついて行ったほうがよい、といわれた。一見、派閥を守るための先輩のエゴか何かのように感じられる発言だが、占いや霊的なことに関しては正しかったりするのだ。

つい二十年前までは、気学しかできない先生のところには五黄殺に引っ越して親が亡くなった人や、暗剣殺に出張に行って事故にあったような人だけが訪れていたので、先生もお客さんも、あぁ、気学は何て当たるのだと慄きあっていた。ある種の引き寄せともいえる空間設定=気学推し霊団+占い師の魄体ができ上がっており、そこに、合致する過去や近未来圏内の人のみがお客様として呼び込まれるシステムになっていたのだが、現在はそういった霊団の威力は縮小する一方である。

エンタメやハイブランドなどは広まるほど威力を増すのに、占いや霊術は反対で、秘伝ゆえに当たるという設定ゆえ、広まるほど衰退の一途をたどるのが何とも物悲しい気もする。だが、それが自然淘汰なのだろう。一般的には、大勢に必要とされているか、たくさんの魂魄を得られるかどうかが、霊魂や霊団存続の要のようだ。

最近、アンディウォホール作のマリリン・モンローの絵画に史上最高値がついた。マリリン・モンローは自身を多数の男性に愛されるというキャラクターでデザインしていたので、アイコンとして桁違いによくできている。それゆえ、絵画やキャラクターとして、いまだに世界中で伝播されているのだ。この広がりゆえに、ソフィア・ローレンやオードリー・ヘップバーンのほうが映画を観て魅力的だったとしても、神になるのはマリリン・モンローに違いないし、七百年くらい先になれば、ほぼ西洋の女神の顔にはマリリン・モンローの要素が入り込むことになるだろう（私は個人的にはソフィア・ローレンのファンなのだが）。そのころには、西洋と東洋などの区切りはもうなくなっているかもしれないが。

第三章　集団念が霊団をつくる

インターネットで自分を見失う人々

インターネットは人々が容易に繋がれる機会をつくり、さまざまな中間業種を不要化し、ビジネスシーンを変えてしまったが、人々の価値観も大きく変えてしまった。情報が多いということは、一見選択肢が多く視野が広がるように見えるが、客観性がなく自分の価値観が確立していない人間にとってはむしろ害になることのほうが多いのだ。

今や婚活はネットのマッチングアプリが主流だが、登録者は増えても成婚する人間の割合は減る一方に見受けられる。婚活に疲れてしまい、結婚をあきらめる二十代の若者すら出る始末である。私はネット婚活を否定する者ではないが、大きく修正された写真を出し、相手を外見や学歴や収入のみで判断する傾向には不快感を覚えるし、特に外見を劣化などと書き込む最近の風潮には怒りすら覚える。

昭和は暴力的で男尊女卑のひどい時代ではあったが、人間一人ひとりの個性が強く、誰もが何とかがんばれば幸せになれる可能性がまだ残っていた気がする。

昔々、おじいさんとおばあさんがお見合い結婚していた時代は、直感というものが男女ともに発達していて、大体三人くらいとお見合いをすればすんなりとお似合いの相手と結婚したものである。年頃の息子や娘がいれば、両家をよく知る周りの人やプロの仲人がふさわしい相手を連れてきてくれたのである。背が小さくて目も小さかったけど、まっすぐ私を見ていて何かこの人なら信じられると思ったの、何だか威勢のいい女だったけど妙に笑うとかわいく見えてね、など、一般的に優れているかどうかなどでなく、おじいさんもおばあさんも自分の直感で相手を選ぶことができたのだ。

自分の身の丈を知り、よい人生を送ることのできる智慧が昔の人には備わっていたのだ。

最近は電位の強いネットの普及のためか、人々は自分の所属しているコミュニティの念体系のなかにすっぽり埋もれてしまっている。

タレントのファンはもはやファンでなく、推し活と称し（厳密にはファンと推し活は違うそうだが、タレントにコミットしているので同じと私は解釈させていただいている）、推されているタレントともはや対等な雰囲気であるが、実際には消費者に過ぎない。家族や自分の未来に使うべきお金を、推しに元気をもらったなどといって、見ず知らずの他人に使う中高年の消費も増え続けている。

ファン同士のコミュニティも活発になり、自分の推しがSNSを更新したらピンとくる、推しに何があったかは顔色でわかるという、推し限定の超能力者が増えている。これが魄体を取られている＝念体系や霊団で繋がっているということなのだ。

強いネットのコミュニティ＝念体系の背景には、そこに関係している霊団が控えている場合が多いのだが、それを関連妄想から面白おかしく分析し被害妄想や偏見で固めていくと、陰謀論のような念体系ができ上がってしまい、背後にスポンサーのようにいつの間にか癖の悪い霊団がついて勢いを増し、真偽はともかくどんどん拡散してしまい、ますます変な世の中になってしまうのだ。

そこまでいかなくとも、コミュニティ内の人間関係に悩んだり、個人情報をさらされるトラブルにあったりと、ＳＮＳのコミュニティというものがリアルな人間関係以上に電磁波に乗って人の脳を直撃し、変化しやすく刻々と変わる念体系のようなものだと理解しないと、大変な目に遭うこともある。なるべくＳＮＳで人とは繋がらないことだ。

私はラインなどやっていないし、携帯メールのアドレスすら一人も登録していない。主要な人物の電話番号は今のところすべて暗記できているし、私に縁のある方は電話かメールをきちんとくれる。

ネットの電磁波網は不特定多数に魂体を飛ばし続けているものなので、大切な自分の魂魄や魄体を取らせる気などない私には、気づかないうちにそこに没頭してしまう方が蟻地獄の蟻のように見える。

私は今年、関係のある業者さんからすら一枚も暑中見舞いが来なかったが、何不自由なく生きている。むしろ人とのサイキックコードが切れたぶん、見た目は若返ってきたし、この執筆にも集中することができた。

本人にそんな意思もないのに私の外観が若返ったということは、私の知人の念体系は私をいい年の人間とジャッジしていたという証拠である。

他人の念にオーラフィールドを支配されないために

人はこのように、自分の念体系＝オーラフィールドに他人から念の書き込みをされて影響を受けているのだ。だから、いじめられっ子は転校してもその〝こいつ、いじめてやれ〞という書き込みを無意識に読まれ、いじめられることになる。異性にモテテの人は常に〝大好き〞といわれているゆえ、さらにその念を読まれて、大好きと思われることが増えるのである。

この念体系は個人にもグループにもあり、魄体で構成されているので、人間は見たり聞いたり繋がったりしたものに驚くほど影響を受けてしまうことがあるのだ。

自分の念体系の他人の書き込みを消すのが、瞑想や宗教修行や運動などのボディワークなのだ。ただ、瞑想や修行は時間がかかり、運動は物理的に念体の膜を新しいものに変える作業なので、やはり少し時間がかかる。

一番手っ取り早いのは、雰囲気やキャラを変えてまったく新しい場所に行き、新たな書き込みを他人から念体にしてもらうことだ。〝営業成績ビリで貧乏〟と会社で思われている場合はお洒落をしてバーに行き、「なんか世間は不景気だけど私は仕事に困ったことがなくておかげさまで営業は一位です」などと、嫌味がないいい方で喋ればいいのである。

複数の情報が念体に書き込まれるとマイナスのレッテルも薄れるので、貧乏営業のイメージの引き寄せがストップし、お客様から拒まれることが減り、貧乏営業から卒業できる可能性が出てくるのだ。

ただでさえ先祖由来の魄体やさまざまな霊団からの介入をされているので、なるべく自分の念体や魂は澄ませていたいものだ。

集合念で広がるスピリチュアルの世界

ライオンズゲート、ボイドタイム、ブルームーン、これらの言葉を聞いたことのある人も多いと思う。密教や呪術の呪文は広まるほど効用が下がっていったが、同じ精神世界のワードなのに、これらのワードは広まるほど大きな霊的コミュニティをつくり、本来ではありえないような効用を発揮し出している。これらは西洋占星術に由来している言葉だが、個人のホロスコープを徹底的にリーディングしている占星術師は重要視しないものである。

こうしたワードは、スピリチュアル好きな人がブログなどで発信し、色々な人がアフィリエイトのための記事などを書くうちに、どんどんコピペのように広がり、多数の読者の目に触れるうちに該当する人が増えていってしまった類のものだ。個人のホロスコープなど度外視していい切っているので誰にでも取り入れやすいし、みんなに当てはまるから拡散しますという設定で念体系ができて広まったゆえ、強い宗教理念=念体系や霊団に所属していない人や先祖由来の魄体が少ない人はすんなりとはまってしまうのだ。

それが良いわけでも悪いわけでもないが、ある種のスピリチュアルは、西洋由来のリッチ&サクセスが一番という自己啓発霊団とも密接な関わりを持っているので、いつの間にか、みんなに無限の可能性がある、ワクワクする気持ちに正直に生きたらミラクルが起こる、という耳触りのいい言葉を信じて、それまでとは違った行動を取ったりする可能性が否めない。

ある種の新宗教などもそうだが、そこに関わった本人のカルマなどもあるだろうし、どの団体も良いところも悪いところもあるので、私はどれについても批判する気はない。仮にそれで人生の一時期に失敗したとしても、その人の魂が奥底で現状を打破したかったのかもしれないし、その人自体のカルマの問題ともいえるからだ。

何かを信じ込むという背景には、逃げたいほどつらい現実がある場合が多いし、第三者の私が批判したところでその人の人生を引き受けることなどもももちろんできないし、何よりその念体系やそこに結び付いている霊団から霊的なアタックを受けるのが面倒くさい。

ただ、何を通してでも、どんな状況でも、自分に厳しければ学びに変えられるのも真実である。

精神世界のサークルや、そうしたある種の宗教団体に加入する人は、根本的にはつまらない、またはつらい日常に疲弊しており、理解者や新しい人脈を求めているか、魂的に楽になることを求めているのが参加のきっかけだろう。重ねていうが、どんな団体に入っても何を学んでも、客観的に自分を見ることさえできれば、無駄な経験など一つもなく、霊的覚醒に繋げていくことが可能だ。

ただし、霊的世界での修行は、どこまでも冷静で自分に厳しくさめていなくては進んでいけない。どんなにすばらしい、選ばれた者しか入れないという霊的団体に加入することができても、超人のグルに巡り合えたとしても、自分を肯定したいという狭い価値観に酔いしれたままでいると、永遠に消費者として金銭や時間や魄体、果ては大切なものまで取られてしまうような怖い世界が霊的修行の世界なのだ。

宗教が溢れる不思議な国ニッポン

世界にはさまざまな宗教があるが、日本ほどたくさんの宗教団体が認可されている国はほかにないのではないだろうか。多神教の神社信仰がベースにあるので、日本人は新しい神様でもご利益や霊力があると聞くと素直に受け入れてしまうところがある。それが霊感商法やさまざまな宗教団体を装った詐欺団体などの問題を生むのだが、それでも毎日どこかで新しい神様候補が産声を上げている。

一神教の熱心な信仰者には矛盾だらけに見えるだろうが、大多数の日本人にとって神様とは宇宙創生の神でもあり、分け御霊として各地で様々な名で祀ることのできる身近な存在でもあり、また自分と特にご縁があると思われる推しのような存在でもあるのだ。

これだけたくさんの宗教があると、霊団の数も膨大で、エネルギーの大きいもの小さいもの、勢いがいいものから壊滅寸前のものまで実にバラエティに富んでいる。

新宗教やある種のスピリチュアルセミナーなどに行くと、もともと霊的なことに関心が強い人が集まるせいか、主にそこで祀られている神（または霊的な信念のもとになる存在）以外にもたくさんの魂魄や魄体が漂っているので、それを連れて帰ることにより思わぬご利益を受けることが多い。そこで拾った魂魄や魄体にはその場の祈りの高揚したエネルギーが乗っかっているので、持って帰った者にとって良い現象を起こすように自然に動くわけである。

力があるといわれている霊能者や行者などもたいていはこれと同じシステムで、修行課程や人との交流中に多数の魂魄や魄体を自然に得ていき、それを信者さんの悩みに合わせエネルギーとして分配しているのだ。そしてじつは、その霊能者や行者本人でなく、その守護神が仕切ってエネルギーを分配することがほとんどなのである。魂魄や魄体の分配なので、その魂魄自身が決めるのが筋なのだろう。

このように、分配される魄体などがクリーンなエネルギーなら良いのだが、多数の困りごとを抱えている信者さんの念が溜まっていたりすると、むしろマイナスエネルギーを分配されることになるので困った結果になることもある。

大きな神社などでも、あまりに話題になり過ぎて人が押し寄せるとご神気を感じなくなったりするが、これは人々のマイナスエネルギーのせいである。

私は、地方の結縁した神社にはギリギリ参拝できるくらいの嵐の日に伺うと決めている。誰もいない境内はありがたいご神気で溢れているし、大声でご挨拶をすることもできるのでよい参拝になることが多い。

個人の霊能者や行者のところに行き、お祓いや祈祷を受けることに抵抗がある人も多いと思うが、大きな神社や寺院の祈祷はたくさんの人が出入りする大きな霊団となっているので、霊的に極端な出方をする場合が少なく安全である。そのかわりに、一個人の拝み屋が命懸けで一人の信者さんのために祈祷したような体験ができる可能性は低いのだ。

また、大多数の人は、霊能者というのは未来やその他のことを当てるものだと誤解されていると思うが、霊能者や拝み屋は無意識でも自覚があっても、こういった霊的にマイナスのものを受けプラスのものを差し出すのが隠された主な役割だったのだ。

拝み屋の野垂れ死にや、行者の末路は哀れなりといわれてしまうのは、最終的に他人由来のマイナスエネルギーの雪だるまになって死んでいくからであり、その魂魄は子孫にまで付いてしまうことが多い。拝み屋の血筋の私は、人様には想像のつかない霊現象を目の当たりにしてきた。整体師さんなどがいうお客様の不調をもらうというのとは桁違いの、お客様の人生全般の不調のもとである霊障害をもらい亡くなられた同業者を複数見てきた。

宇宙エネルギーでヒーリングするからマイナスは受けない、といった設定が大きな霊団になってカバーしてくれているうちはヒーラーさんもいいかもしれないが、見えない人にはわからない霊の世界は、イメージワークや一団体の力で抑え込めるような簡単な世界ではない。

前世の因縁と現世の因果関係をどうとらえるか

生まれつきの遺伝子があるように、霊的状態もある程度範囲が決まっていて、現状を打破するには想定外の労力がかかる。人は霊的背景に左右され生きていかざるを得ないが、この霊的背景については、適当な霊能者やヒプノセラピストによって導き出されるような、いがみあう夫は前世で殺した仇だったので現世で尽くし関係を修復しカルマを清算しなければならない、といったような簡単な寓話ではない。

霊的状況を偏差値にたとえると、その同じ偏差値圏内のもの同士が同じ学校に行くような感じで巡り合って（偏差値の低い不良の多い学校では喧嘩が絶えず、エリート校では競い合って勉強に励む等）、相応の物事が起こることが多い。しかし、個々の相関関係は、前世などの縁があって起こっているとは限らないのだ。

前世などの相関関係がある場合もあるが、一般的な霊能者の霊視が真実である可能性は低いから、前世など鵜呑みにしないほうがいいのである。先祖縁、地縁、職業縁などは人生に影響を与えるので参考にしたほうがいいが、前世リーディングには不確実なものが多過ぎる。

自分と出会った相手の先祖や家族の誕生日や命日、名前、土地など、目に見えるものを丁寧に調べるだけで霊的な関連性などはかなり確認できる。

私自身、数回の前世とおぼしきものを思い出しており、思い出した直後に偶然ではありえない地縁で、そこに登場した人物の転生と思える相手と前世をなぞるような経験をしたが、ある霊的な団体がそういうことを仕組み、事前に私にそう思わせていた可能性も否めない。自分の見えた霊や自分の感じた霊的なことを冷静に分析する知性が、霊能を持つ者ほど必要なのだ。

あなたは前世で武士だった、などと断言する霊能者の戯言は、いっている本人は本気のつもりだろうが、単に自分に付いている霊魂にささやかれ、それを疑わず発言している場合もある。ここには〇〇、あっちには〇〇、などと、霊が見えるという人間ほど、こちらが具体的な身内などの故人のことを聞くと姿や死因すら当てられないことが多いのである。

霊能者というのは、その人に霊魂がついていて、その霊魂のレベルによって何が見えるか千差万別であり、完璧に霊的なことがすべてわかる者など皆無だと思ったほうがいい。ヒプノセラピーの場合は心理療法に過ぎない。特定のイメージにトラウマや身体の癖を重ね、解放する目的で施すと効果があるかもしれないが、催眠は逆にトラウマや思い込みを強くする場合があるので万人にお薦めできるものではない。

十数年前までは、私も良かれと思って霊視の傍ら希望するクライアントにはヒプノセラピーを施していた時期があった。評判は良かったが、一年ほどで中断した。私は霊媒家系なので、魄体をクライアントに付ける催眠などは案外すぐできてしまうし、相手の脳をリーディングし、興味がある国や仕事や浮かんだことに即したストーリーもスラスラ語れてしまう。果てはクライアントと同じビジョンを見ることなどもできてしまうのだが、そんなビジョンは何の意味もない。現在の状況を乗り越えていただくために見せていただけなのだ。

しかし、それがこだわりやトラウマの解消になるどころか、もっと私と彼の前世を知りたい、などと、前世物語の中毒になる人が多かったので、止めざるを得なかったのだ。

本人が知らない家系の未成仏の霊などを苦労して霊視し、親族間で調べてもらい存在を確認してもらえるような霊能者らしい仕事より、脳内ファンタジーのセラピーのほうに人気が出るとは心外だった。つくづく人は自分の感覚しか信じられないのだなと気づかされた。

次章で霊視の種類……霊能力について細かく記していくが、前世から現世や未来の事象が導き出せないだけではなく、未来自体がほぼ決まっていないので、占いでも未来は当てられないのが真実なのだ。

国家を動かす世界的な人物や伝統芸能の家元など、人生でやるべきことが決まっている人や、特殊な難病やとてつもない逆境など、人生が限定されている人以外の、ほとんどの人間の未来はあまり決まっていない。だから、大雑把に傾向をいい当てることができたとしても、細かいことまで当てることはできないのである。人生が限定されている人も、特定の幾人かとの関係や、すべきことの月日がざっと決まっている程度で、今日のお昼に何を食べるかなどの未来はもちろん決まっていない。

霊視や占いで導き出せる未来があったとしても、試験の合格判定のようなもので、現在の状況に則した未来予想図にしか過ぎず、決まっている未来の事象をリーディングしているわけではないのだ。

占い師や霊能者が未来をつくってしまうとき

未来が決まっていないからこそ人生は面白いのである。霊視や占いが驚くほど当たるという場合は、当てる結果を何者かが導き出していることのほうが多いのだ。良い結果を聞いて、本人の潜在意識や守護霊が動いて占い通りの結果になることも多いが、じつは、当の占い師や霊能者の側の霊が一役買っている場合もあるのだ。

一般の人には残念な話になるが、かなり前に、有名人の鑑定は百発百中に当たるのだが、普通の人のことはまるで当たらないという外国から来たサイキッカーがいた。あれは、じつは当たったのではなく、霊がわざと当てさせていたのだ。仕事のブレイク時期や結婚の出会いを、式神のような形で魂魄を使い、鑑定通りの時期に的中させ、良い結果を出していたわけだ。本人の俗にいう霊力＝ついている魂魄が大きければ、こういうこともすんなりできてしまうのだ。ご本人も薄々、自分についているガイドがやっているとわかっていそうではあったが、有名人の口コミが広がれば仕事にあぶれることはないから、メインのガイドががんばっていたのだろう。

今では拝み屋系霊能者は嫌われるし、情もないお客様のために自らの霊を使って偶然の出会いを仕掛け、魄体を本人に貸してうまくいくように仕向けるお節介な霊能者自体も減っている。クライアントは霊能者に綺麗なサロンで現状をリーディングしてもらい、気分の上がるアドバイスをもらうことを好んでいるのだ。

霊的世界や宗教団体などには、一般の人が想像もつかないほど複雑な想定外の霊的事情が隠れている。

カルト宗教の洗脳や自己啓発セミナーにハマり経済困難に陥る人の問題がよく提起されるが、洗脳やマインドコントロールではすまされない霊的な問題と、それに付随した複雑な悩みをそこに入る人が持っている場合が多い。ごく普通の家庭生活を送り、さしたる人生経験もないカウンセラーやセラピストが傾聴して取り除ける程度の悩みなら、誰もカルト宗教や高額セミナーなどに入ったりはしないだろう。

一般的なことを頭で勉強したカウンセラーより、人間ができているスナックのママやバーのマスターのほうが人生経験から人格障害や統合失調症の人にもうまく対応ができるし、理解力が強いと私は思っている。が、安い料金でうまく相手をしてくれる酒場の主人に巡り会えるのも、霊的因縁に恵まれた運のいい人に限られた話なのである。

スピリチュアル高額セミナーやカルト宗教に洗脳される人とは

意外に、どんなセミナーにもカルト宗教の勧誘にも別に高度の洗脳技術などなく、普通の人はまったく簡単に拒否できるような胡散臭い代物であることが多い。もちろん、脅迫めいた勧誘や異性がらみの心理操作などを巧みに使う団体もあるだろう。だが、一般的には、夢見がちに組織の説明をする係員、あなたにはすばらしい神の子としての可能性があるという動画閲覧、場合によっては恐怖心を煽るものもあるだろうが、普通の人ならハイ、サヨウナラと拒絶できるレベルの内容なのが実情だ。だのになぜハマってしまうのだろう。

アルコールや薬物、ギャンブル、ゲームなど、何かの中毒になる人もそうだが、アルコールや薬物やギャンブルやゲームが原因で人生が変わったのではなく、もともと依存傾向の強い脳機能を持っていたり、環境や人間関係に恵まれなかったり、自分にマイナスを与えるものとしか関われない霊障に起因する強い主観など、他の要因が内在している場合のほうが多いのだ。

宗教団体や高額セミナーに依存する人も、脳機能や環境要因も考えられるが、念体系や霊団がある程度の規模になっている場合は、そこに自分の魂魄や魄体と合体しやすい霊魂があり、魄体を取られてしまうことで逆に快適さを感じる場合が多い。

自分の抱えていた先祖由来の魂魄や魄体がマイナス状態だったなら、霊的にシェイクされた感じになりスッキリしてしまうのだ。本来ならばマイナスであっても、魂魄も魄体も本人が保持していたほうがいいし、日々の自らの祈りや瞑想、読経などでそれをクリーニングするのが理想的なのだが、弱っている人には難易度が高い。そこで何となく霊的に変化させられた挙句、ここだ、とご縁を感じてしまい、そこが大事な居場所となってしまうのである。

霊示系のカルト宗教などは特に強い霊団が控えているので、本人の抱えている行き場のない魄体はスッキリするだろうし、自己啓発セミナーなども主催者側はこれがよい道だと信じている場合が多く、強い念体系や霊団が背後に控えている場合が案外多いのだ。

信者をそこから離脱させるには、恋愛などの関係性の深い依存できる人間関係を提供するか、類似している霊体系の、より被害が少ない団体を紹介するのが適切だと思われる。密教系カルト宗教なら密教系新宗教、または密教を教祖が取り入れている団体、キリスト教系カルト宗教ならキリスト教を取り入れている新宗教団体などに矛先を変えるのが良策だと思われる。さまざまな代替になり得る場所を知らせて、本人に居心地のよい場所を選ばせるのが一番だろう。

いきなり一般の神社や寺院や教会に行ってみたところで、ろくに会話する機会もなく、数十分で追い返されてしまうのが関の山なので、コミットなどできるはずもない。既成の宗教機関は学校のようにフラットな場所になっており、大昔の霊団は偉大に存在してはいるものの霊的な動きはゆるやかで、霊的状態で苦しむ人の駆け込む救急病院には向かないのだ。

私自身の自戒の念を込めて書かせていただくが、昔の拝み屋などは困った人がいたら二十四時間年中無休でお客様に対応したものだった。既成宗教では救えない人を救う受け皿として民間祈祷師は存在していたのだ。夜中に呼ばれて出張に行くなどは朝飯前で、私も若かりしころは電話帳に名前と仕事を載せ、いつでも新しいお客様に応対させていただいていた。いつのころからか神棚に真剣に手を合わせるお客様が減っていき、安易に自分の欲望を満たしてくれという無理な願いのお客様が増え、そのあたりから私も新規のお客様をお断りしはじめた。

私の古い信者さんは七十代後半から八十代になられ、もう皆様とはあまりお会いすることもないのだが、盆暮れには果物やお酒を送ってくださるので神棚にしっかり奉納させていただいている。

世の中の変化とともに拝み屋や民間祈祷師は衰退の一途をたどり、霊能者やスピリチュアルカウンセラーと銘打ってはいても、その仕事は実質的にはコーチングやセラピー的な内容のものに変わっていくのだろう。何かを信じ何かに拝み何かを頼る時代ではないのかもしれない。自分をどう輝かせるか、人生をどうしたら楽しめるかが、現代人の求める霊的アドバイスの中心である。

カルト宗教の撲滅を叫ばなくとも、案外遠くない未来に新宗教もなくなっていくのではないかと私は思っている。後発で世界宗教足りえる優れた教義のイスラム教はある程度さらに広がってはいくだろうが、世界的に見れば既成の宗教すら数百年後には滅亡の危機に迫られている状態なのだ。

今一度、世界の宗教人は宗教の意味を考え直さねばならないのではないか。いや、もう新しい神のシステムが刻々とでき上がっているのかもしれない。

第四章　霊能者の見えている世界

誰にでもある虫の知らせと直感

霊が見えない人でも、俗にいう虫の知らせや、何か大きな変化が起こる前に象徴的な夢を見たことや、事前にその変化を感じ取った経験は一度や二度はあるのではないだろうか。誰にでもスピリチュアルな力があるというのは一面の真理である。が、そのスピリチュアルな力を開発していくためには、とてつもない客観性と努力が必要になってくる。

私には弟子がいない。十数年前には一人女性の弟子がいたのだが、私が厳しく接し過ぎたのもあり、今はその道を離れてしまった。白山神社の御祭神の衣の色やお姿、動きなど、一般書籍では決して得られない状態をきちんと霊視できるようになっていたので残念であった。

霊視にはさまざまな種類があり、一般的に一般の人に見えないものが見えるのは全部霊視ということになっている。

だが私は、霊が見せるものが霊視だと解釈している。

超能力者と霊能者は向き不向きも異なるし、霊視を含めて能力も異なっている。どちらの能力も、開発法も異なっているし、さらにいえば、現在霊能業界で主流になっているのはこのどちらでもない類、念視である。

精神世界のセミナーの告知などでよくある〝私たちは誰でもスピリチュアルな力を持っていて……〟などという文言は、〝誰でもギタリスト〟というギター販売の広告のようなもので、誰でもギターを買ってたくさん練習したらギタリストくらいうまくギターが弾けるようになれますよ、という意味にしか過ぎない。

しかし、耳で聴こえるギターの音色とは違って、霊が見えるといってしまえば、出来不出来の評価や確認が第三者からは取れないので、妄想でもまかり通ってしまう。本人も自分の見えているものが何かなどと考えたことがなく、見えた世界に酔いしれてしまう可能性が高いのだ。

私は幼いころから、変なものが見える頭のおかしい自分をできそこないの奴だと思っていた。祖父母は民間祈祷師だったのだが父親はまったく霊的世界を理解できない人間だったので、身体の弱い霊媒体質の私はちゃんと育って大きくなれるのか常に危ぶまれていて、同情されるべき存在として扱われてきたのだ。

幻視とその実体

コロナ渦のある日、朝起きて目を覚ましたら見たことのない赤や青のカラフルな鳥が頭の上を飛んでいた。天井には青々とした南国の木が見え、太陽の光が眩しく差し込んでくる。なんだ、こりゃ？　焦った私の視界は徐々に見なれた寝室に変わっていく。

これが幻視だ。

よく思い出してみると、私は昨夜ネットニュースでハワイ旅行が開催される記事を目にしていたのだった。

あぁ、ハワイになんか行ったこともないのに、コロナだから潜在意識で楽園に逃げたいとでも思ったのだろうな……私は自分に対して苦笑いした。

先祖伝来の神棚を祀る私だが、気功や武術、ボディワークなど本来は霊能者が苦手とする修行もかなり重ねてきた。気功やボディワークの良いところは、よっぽどの馬鹿者でない限り客観的になれ、霊的にさめていられるということだ。

もし気功やボディワークをやっていなかったら、私は喜怒哀楽ある霊に振り回され、いつも狂人のように振舞うお決まりの霊能者になっていただろう。

急に霊が見えるようになったという人や、大多数の〝見える〟と思っている人の霊視は、私がハワイの情景を見たようなこの幻視に過ぎない。

脳内の情報を即座に視覚化する幻視は、芸術家や精神疾患の人にも起こりやすく、暗いところで幽霊を見てしまったり、綺麗な花が咲き乱れていたら妖精を見てしまったりと、他人の話を聞いても臨場感をもって視覚で見えてしまったりする状態なので、魂魄の動きともあまり関係していないようだ。

もちろん暗いところで霊が出る場合もあるし、妖精的なものも存在していると私は思っているが、それはまた別の話である。幻視をなさる方は思い込みが強く、子供のように純粋な人が多い。

よく、この子は霊感があって、などとお子様を連れてくる人のお子様は、ほとんどがこの幻視をしているのであり、こちらが「ここに○○がいるのがわかる?」と、適当なものをいったら、それに合わせて「うん○○が見える」と、笑ったり怯えたりするのが常だ。

自分でも気づかないうちに自分に催眠をかけて見てしまっている状態とでもいおうか、暗示に弱いというか、心の問題によるところが大きい。

お客様が来ない、売れない霊能者や占い師などで、霊や神様が見えるという人はほとんどがこのタイプだ。適切なものが見えていて、せめて念視ができる状態であったなら、お客様が来ないなどということはあり得ないからだ。神様をお祀りしている神社で女神様、龍神様が見える人などのなかにも、この幻視という思い入れで見えてしまっている場合が多い。そういう人は自分で認識している神様以外が見えることはまずないし、頭に浮かぶ神様の情報も一般的に流布しているものの場合が多い。

イメージを視覚化する能力は決して否定されるべきものではないが、幻視で画像が見えてしまうよりは、念視ができて幻視画像など見えない状態のほうが、霊能力的に人様のお役に立てる。幻視体質の人はむしろ想像力を生かした仕事や、自己表現できる趣味をもって、霊など見えない状態に自分を変えていくのが好ましい。

よく、見えていたのにチャクラを封印して自分で見えなくしたという人もいるが、霊は自分で見えなくできるような代物ではない。幽体離脱をしたと思っている人のほとんどもこの幻視だろう。脳の機能によるいたずらだ。

実際に臨死体験などから帰還し、そのときに隣の部屋で起こっていたことなどがわかっている場合は、純粋な幽体離脱で霊体験である。だが、そういう例は多くない。ヒプノセラピーや催眠で見える過去世や風景もこの幻視が大半である。

念視とその実体

誘導のうまいセラピストや催眠術師は、自分の思い浮かべた情景をクライアントに見せたりする場合が多い。これは、脳の電位が強く念通能力がある人間が、相手に念を送って同じものを見せているという状態である。

この念通能力のある人間が、普通の視覚では見えないものを見ている状態を私は念視と名付けて、霊視と区別している。

気功師やスポーツマン、社会的に成功している人は、念視までにはいたらなくても念通能力に長けている人が多い。

ある念通能力の強いビジネスマンは、クライアントと会う前に「○○さんは今日△△という製品を○箱買う」などと頭のなかでイメージし、うまくイメージができると大体先方はその製品を思った通りの数、買ってくれることが多いという。買った人はふと、その商品がその数欲しくなるのだろう。これは相手の念に誘導されているのである。

好きなタレントのブログが更新された途端に夜中でもわかって起きてしまう推し限定の超能力者も、推しを売り込む電磁波網のビジネス誘導念を即座に感じてしまっているのだ。

念通能力が強い人の中には、相手の頭の中に浮かんでいる数字や言葉もわかる場合がある。よく当たるといわれている占い師や霊能者が使っているのは、ほとんどこの念通能力、念視である。言葉や数字などが頭にふと浮かぶ場合が多いが、精密な人は画像で浮かぶ場合もある。

私は、コロナ渦のなか、電話で霊的相談を受けていたが、ある主婦の方から娘の結婚相手は本当に大丈夫か、とご質問をいただいたことがある。パッと白人男性の顔が見えたので、ヨーロッパの方ですか？　と答えたことがあった。これは霊視ではなく、お母さんの知っている情報を瞬時に視覚化した念視なのだ。

また、念視として視覚化されなくても、念通情報として白人だと読み取ることもある。これは、携帯メールなどで画像を送ると文字より容量が多いように、情報として画像のほうが労力を要するからだ。鑑定人数が多く時間がない場合は、たいてい念視ではなくこのような念通リーディングをおこなうことになってしまう。

先方の脳から情報を受け、念視で視覚化したからといって未来がわかるわけではないが、相談者とよい信頼関係を築くことはできるということだ。念情報を読むことができるということは、もちろん相談者自体の気持ちもわかるということなので、あとは当人に寄り添った助言などを伝えていけばいいのである。

現在人気を博している霊能者やスピリチュアルカウンセラーなどは、大体この念通能力で仕事をしているのである。私自身も最近、仕事はほとんど念視でやっている。最近はスマホの普及によって電磁波が増えたせいか、人々の念通能力が各段に上がってきている。人間の脳自体が電気質のものだからか、引き寄せの法則などが起こるのもこの念通による。

念通能力は、それに長けている場合は発信受信両方ともスムーズなのだが、片面だけしか能力を持ち合わせていない場合も多い。特に空間の電磁波網は、プラスとマイナスのように引き寄せる側と引き寄せられる側がはっきりしており、お気に入りのグッズやすばらしいビジネスチャンスを引き寄せたつもりになっても、販売者に引き寄せられているだけの可能性が高いので冷静な判断が必要である。

気づかないうちにガセネタや陰謀論に頭が侵されてしまう人も、この受け身型の念通能力者が多い。

男性は発信能力に長け女性は受信能力に長けている場合が多いのだが、訓練することにより両方の力のバランスを取ることは簡単にできるようになる。

念通能力は、空中にある霊団や念体系を含んだ電磁波網、個人の脳などのさまざまな情報を、自らの外に出た魄体を媒介に読み取っているのだと思う。

魄体を触手にして必要な情報などを探る感じだ。特定の人や物事にフォーカスするには、相手のところに向かう発信能力も、そこから情報をくみ取る受信能力も必要だということである。

片想い相手や推しタレント専門で念通能力を使ってしまう場合、決まった相手に対して強い愛情や執着が募ると、魄体だけでなく自分の本体の霊魂である魂魄ごとそこに向かってしまうことがある。

はっきり会話するレベルの意識がその霊魂に存在することはまずないが、本人はぬけ殻状態に陥りやすいので危険である。

すべての精神修養において強い感情や執着を戒めているのは、こういった理由からである。恋愛で勉強や仕事に手がつかなくなる経験は、誰でも若いころに一度や二度はしたことがあると思う。若いときは生命エネルギーが強いので回復も容易だが、高齢者や病身者には本当に命取りになってしまう。

逆に、相手から特別に強い愛情のエネルギーを魂魄まで捧げられる形でもらうと、補充されたエネルギー分の運が上がることがある。これが俗にいうアゲマンの真理である。男性は性欲の対象として女性のことを考えることが多いが、相手がすべてだというほど強い愛情を持つ人は少ないので、男性と付き合って仕事運が上がる女性は少ないのではないだろうか。

人間とは違うペットや動物の霊魂

最近の世の中で一番変化したもののひとつは、ペットとの付き合い方だろう。人間と同じお墓に入れる人や、ペットが死んだ後も延々と寝床やスペースを確保し餌を与え続ける人も多いし、果てはペット専用の霊能者や神社まで出てきたくらいである。犬好き猫好きの人には申し訳ないが、動物は動物であるから人間と同じ供養などは不要である。

人間に飼われたペットは、人間が「大丈夫、痛くない?」などと人間のように話しかけるから、人間のように孤独や死を恐れるようになってしまうのだ。

すべての生き物には魂がある。だが、蟻の群れや渡り鳥などは、個の魂よりも団体でひとつの念を持って動いているように見える。

昔からお盆やお彼岸には珍しい虫などが出て、ご先祖様の到来を知らせていた。それは、虫がご先祖様の生まれかわりとしてやって来たのではなく、虫にご先祖様の魂が乗ってきているだけのことなのである。

このように、虫や鳥の魂は人間の魂と比べて複雑でなく、自我意識は弱いのだ。

古代エジプトで神だった猫も、神社の狛犬も、それら自体が神様のお使いだったわけではなく、そこに神霊が乗ってお使いをさせられたということなのだ。

もちろん、哺乳類である猫や犬には喜怒哀楽もあるし情動もある。だが、ペットが人間のような意識を持っているように見えてしまう理由は、飼い主が自らの魄体を分けて与えて、他の霊魂が宿っている場合のほうが多いのだ。

死んだペットの霊を強く感じる人は非常に多く、「うちの子の気配がいつもしていて、餌を置くと食べる音が聞こえます」などとおっしゃる方も多いが、霊的訓練をしていないのに、自分の魂魄で式神のように架空の動物霊をつくっていることが大半なので、非常に危険であり、本人の身体からは魂魄か魄体が失われている状況だ。

まぁ、これが主流になり、死んだうちの子が守り神になる、という強い神話が形成されたら違った症状になっていく可能性もあるが、死んだペットの霊が生きているときのように元気に出没しているご家庭は、家族の健康状態があまり好ましくないのが一般的である。

透視とその実体

透視は念視とごっちゃにされやすいが、れっきとした超能力の分野で、念視より難易度が高い。

私は霊視や念視はできるほうだし幻視体質でもあるが、透視は得意ではない。

先述した私の師のトランプの数当てなどは、透視によるものだ。封筒の中の手紙の内容を読めたり、本人が把握していないお財布の中の金額を当てたりするのがいわゆる透視能力である。

ただし、本人がお財布にいくら入っているか把握していたら、脳を通して念通リーディングできるので、その場合は透視ではなく念視の場合もある。

レベルの高い透視能力者は、軍事目的で世界中の国家機密機関から注目されているし、産業スパイなどの声もかかりやすいだろう。命の危険にすらさらされる場合もあると聞くので、あまりズバ抜けた能力の人は表に出てこないのが普通である。

ただ、透視できるからといって念視できるとは限らない。

私の師などは念視どころか人の気持ちがあまりよくわからず、性格の悪い人間のお世辞を信じて騙されたりしていた。透視能力自体が脳の電位の特殊性から来ているゆえであろうか。

念視は、周囲の状況や相手の脳の状態をリーディングして瞬時に画像化する能力であるが、透視というのは、存在している物理的に見えないはずの環境のものを見る能力である。

透視は、本人自体が先天的または後天的訓練により、自らの丹田内の魂魄を大きく練り込んでいき、物理的次元まで自在に動かせるようになった状態だと思われる。

千里眼、天眼

これらの幻視・念視・透視や霊視とは一線を画した能力に、いわゆる千里眼や天眼(神眼・仏眼とも呼ばれる)というものがある。

千里眼は地球の裏側で今起こっていることを瞬時に見ることが可能であり、過去に起こったことや未来に起こり得ることなど、望むものすべてを見る能力である。俗にいう、アカシックレコードにアクセスしている状態とでもいおうか。パラレルワールドを移動できるレベルに達していないとこれは不可能である。

アカシックレコードをリーディングしますなどという人のほとんどは、アカシックレコードを読みますという自己設定のもと、念体系情報網にアクセスしていたり念視していたりする占いレベルのものだ。現代人で千里眼を本当に持つ人は稀であろう。

大昔の高僧などはこの次元に達していらした方も多く、遠くの火事を千里眼で発見し、口に水を含んで吹きかけて消したなどという説話などがたくさん残っている。いきなりその場所だけに滝のように大雨が降ったのだろう。神通力としかいいようがないお話である。

こういった千里眼は、霊魂とのアクセスというより、各宗教の神化した存在がふさわしい人間を見極め、授けている可能性が強い。

千里眼がある人は、念視か透視、霊視のいずれかにももちろん長けている場合が多い。私の師もたまにこの千里眼を使っていらした。

ある夜、師は幽体離脱というか、夜間に陽体離脱し、どこか別次元に行き魔軍と戦ってきたらしく、朝には小さな見たこともない弾丸の破片のようなものを多数浴びた負傷の状態で起きられたことがあった。私と数人の弟子は隣の部屋で一晩中話し込んでいて、師が隣りの和室で寝ていたのを見ていたので、目を覚ました師が負傷しているのを見て肝をつぶして手当したのだ。今では本当に懐かしい思い出だが、周りに話しても到底信じてもらえないような物理的オカルト現象連続の日々だった。亡くなってから一度も私の目の前にあらわれてくれたことはないが、私が死んだら、遠い昔約束したある場所できっと師は出迎えてくれるのであろう。

霊視とその実体

今まで説明してきた幻視、念視、透視、千里眼をふくめたすべてを、一般的に霊視と呼ぶことが多い。だが、私はすべて異なるので区別すべきだと思っている。

本当の霊視とは、霊視する本人についている意識のある霊魂が、本人に画像を見せることで成り立っているものなのである。

霊能者のなかで霊視を得意とする人は意外に少なく、高名で強力な霊がついている人でもできないという人が多い。では、そういう人はなぜ見えないのにわかるかというと、当たり前に知っている情報のように、ハッキリと脳のなかに浮かぶという、霊通能力を使っているのだ。

すでに知っている話が浮かぶように、息子さんの離婚したお嫁さんはご病気で足が悪いなとか、おじいさんのご兄弟に自死の方がいるな、など、相談者が知らないことや、かなり昔のことまで、当たり前に知っていることのように浮かぶのが、霊魂に教えてもらっている霊通能力なのである。

幽霊屋敷の原因が外国人の未成仏霊だとつきとめた有名な女性霊能者さんは、著作のなかで、お客様を目にしたらどんな霊がついているのかわかるが、見えるのとは違うと書いていらした。正直な方である。

目で見える霊視、耳で聴こえる霊聴、身体に降ろす仏降ろしなども霊通能力の一種であるが、こちらの守護霊を通して向こうの霊にアクセスする、情報として浮かぶ霊通能力を持つ人のほうが霊視できる人より多い。

この霊通能力を霊視と称している霊能者も多い。だが、霊通能力は、こちらの魂魄に連なっている先祖などの霊魂がさまざまな働きをして、先方の霊的状況や現在の環境を把握し、教えてくれているものだ。霊通能力の高い低いは訓練によるものではなく、その霊魂の力次第である。

伝統的な祈祷寺院や神社などには、代々そこで修行する後輩を応援しようとするたくさんの霊魂が存在している。もちろん先祖の霊魂と繋がったほうがスムーズではあるが、肉体や魂魄の質などの相性がよければさまざまな霊魂のサポートを受けうまく合体できるのだ。

神様は絵画風のお姿であらわれる

霊通能力の延長線上の話になるが、私は神社などで神様を見ることもある。神様は絵画風の（といっても日本の神様は油絵ではない）お姿や、３Ｄのようなお姿で見えることが多い。霊視で見える人間の霊は実際の人を見る場合より平べったいというか、写真やスクリーンに映ったように見えたりすることが多い。

これは私の経験でもあるが、霊能力者同士の会話ではほぼ一般的なことであり、人によって色が単色使いで見えたりすることもあるし、見せてくれている霊魂がこちらにわかりやすくするために、頬の黒子や尖った顎などの特徴がデフォルメされて見える場合もある。

そこにそのまま、生きている人と寸分違わぬ形で見えるのは、誰にでも同時に見える幽霊のような存在であろうし、むしろ脳内でつくり上げた幻視のほうが、完璧にそこにリアルにいるように見える場合が多いのだ。

霊や神様がどう見えるかなどということは、一般の人には知らせてはいけない決まりになっているのだが、書いてしまった。これだけの情報化社会だからもうよいと思うのだが、拡散されるとそれに影響を受け、変に商売にする人も出てくるだろう。実際には使えない気功が広まり、気功の小周天がイメージコントロール健康法のようになってしまったように、情報により集団念で本質が歪んでしまう恐れもある。

ちなみに、気功で段階を経ていない者が小周天などを修練するときに先に意念を使うと、気は永遠に仮通でしか流れないようになるし、武術家のおこなう発勁など何度生まれかわってもマスターできなくなってしまうだろう。

頭デッカチは駄目なのだ。神様や霊がこう見える、という知識が世間に広まると、頭でそういった画像をつくり出してしまう人があらわれる。まぁ、神様のお姿に関しては、アマテラスオオミカミが高校の同級生に似ていたら変だろうから、そうかな程度で済む話かもしれないが、とにかく無理に霊などは見ようとしないことだ。

私は、神社で祀られている神様のほとんどは大昔の偉業を成し遂げた人や崇るとされた人の霊魂だと思っているが、そこに自然のエネルギー（俗にいう自然神）が加わり、年月を経て、たくさんの崇敬者の魄体や亡くなって合体した魂魄の意念も加わる。そのため、元のご本人も人間時代の顔など忘れてしまって、神様らしい絵画のようなお姿であらわれるようになったのだと思っている。

これを読んだ方が、神社に行くたびに、古代絵巻のような国津神様や３Ｄの龍神様が見えはじめたなどといい出さないことを切に願っている。

万が一、神様の姿が見えるようになり、心から神霊世界との接触を望むのなら、その道の先生を探してほしい。霊が見えても御祭神が見えても、そのお姿が正しいかを確認するために、師は必須の存在である。本気ならば、どんな分野でも必ず師はあらわれるものなのだ。

第五章　世界の宗教を見渡せば

世界中の宗教に目を向ければ

最も知られた一神教の世界宗教といえばキリスト教であり、世界一の信者数を誇っている。それに迫る勢いで信者を獲得しているのがイスラム教で、これらの元になった同じ旧約聖書を教典とするユダヤ教は民族宗教なのでぐっと信者が少なくなっている。

ヒンドゥー教もインドの民族宗教と捉えられていて、莫大な信者数を誇っているし、中国は社会主義という建前なので民族宗教の道教の信者を国内で正確にカウントすることができないが、道家の思想や気功などを含めた道教文化圏を入れるとかなりの数になるのではないだろうか。

これらが代表的な世界宗教といっても過言ではない。だが、日本にはこれらの宗教信者が非常に少なく、これから先もあまり増えそうもない状態である。日本には、普段は宗教として意識していなかったとしても、神仏習合の日本教ともいうべき宗教環境があるからである。

民族宗教のヒンドゥー教と道教はある意味とてもよく似ていて、民間信仰のギラギラとしたご利益をくださる神々と宇宙創生の深い思想が混じり合って、どんな人間の欲でも満たしてくれる懐の深さがある。

お正月の初詣の習慣などからみると、日本人の大多数は神社神道と寺院仏教の信者であるといえるだろう。神道は日本民族固有の宗教だが、大雑把にいうと道教文化圏であるかもしれない。もともとの神道はアニミズム系の神話宗教であり、ヒンドゥー哲学や道家の思想のような高度な宗教哲学を生み出すことはなかった。

とはいえ、宗教に高度な哲学があることが優れている根拠であると私は思っていないし、個人的には神道以上に整備されていない世界各地の土着のシャーマニズムに神を見ることのほうが多い。

仏教哲学と神の道

日本が神仏習合の国と私がいい切るのは、神道が宗教哲学として発展してこなかった一番の理由が、日本での仏教哲学のずば抜けた発展のためだと思っているからなのだ。

神道、仏教の神仏を分け隔てなく拝んだ日本人は、外来のヒンドゥー教由来の後期密教も中国で発展した深淵な仏教哲学も素直に吸収し、日本独自の仏教神秘思想ともいえる宗教哲学を形成していった。そのため、神社の神は鎮守としておさまり、宗教哲学を生み出す必要がなかったのだ。

法然上人から親鸞聖人に引き継がれた、善人でなく悪人までが成仏するという悪人正機の思想や、中国の天台宗や禅宗の後継者足りえる多数の僧侶たちの、偉大な体験を伴った実学思想としての仏教学、独自の密教システムを編み出した弘法大師に、自らを上行菩薩と悟り法華経を体現した日蓮聖人など、日本の仏教思想は大きく花を開いた。

日本仏教は、儒教の先祖崇拝を取り入れ、位牌や墓や檀家のシステムなども創造していき、神道とともに日本人の日常生活のなかにも深くしみ込んでいったのだが、昨今の寺離れはかなり深刻な状況である。

墓は穢れとみなされて？　昨今の寺離れ

私は縁あって真言宗で度牒《どちょう》をもらった立場だが、もともとが民間祈祷師の家なので、ご祈祷の依頼を受けたら仕事のたびに縁ある神様でも仏様でも拝むのが習慣になっている。お客様に霊的に何が効くかをお伺いし、調べて動くのだが、まず一番に拝むのは我が家の神棚で、代々祀っている神様という状況だ。

そして今、神社はどこも混みこみだがお寺は閑古鳥が鳴いているところが多い。

昨今の神社ブーム、寺嫌いの発端は、オーラの泉などでお馴染みだった江原啓之さんの一連の活動や、神社神道を長年にわたり宣伝してきた新宗教、ワールドメイトの深見東州教祖の活動の影響が強いと思う。だが、何よりも国家神道に心酔していた戦前の霊魂たちにより形成された霊団が活発に活動する時期に差し掛かったからではないかと個人的には思っている。

次章のメインテーマになるが、江原啓之さんが見出された日本心霊科学協会も、深見東州教祖が関わった宗教団体も、始祖は明治から昭和にかけて大躍進した教派神道の大本教から輩出されたものである。

神社神道にも宗教哲学はあると思われる方もいらっしゃると思うが、神社好きスピリチュアリストの方などが和魂、荒魂、奇魂、幸魂などと説明する一霊四魂観は、伝統的な神道哲学でなく、平田篤胤大人の弟子の本田親徳先生による本田霊学由来のものである。この本田霊学などをベースにして、一般人では到底たどりつけない霊的次元に達したのが大本教の出口王仁三郎聖師であった。

ちなみに、歴史的には、古神道というのはいにしえの神霊から教わったという非常に新しい復古神道のことであり、歴史的に古い神道という意味ではない。

意外に新しい神前結婚式

神社で結婚式を挙げる神前結婚式は、一九〇〇年に皇太子であった大正天皇がおこなわれたのが起源といわれていて、ヨーロッパの国々のキリスト教による結婚式を模したのがはじまりとされている。神社で舞われている巫女舞、浦安の舞なども近年つくられたもので、正月の初詣は鉄道会社のキャンペーンで広まったのが実際である。仏教行事は渡来のもので新しく、神社行事は純国産で起源が古いと決めつけることは単なる知識不足なのだ。

祭祀場としての神社は古く、そこでおこなわれていた祭祀は世界中のシャーマニズムと同じ神憑り的なものであったので、場所によってまったく別個の多様な祭祀がおこなわれていたはずである。

世界のシャーマニズムは、古くから自然や死者への畏敬の念を祭祀であらわしたのが起源であり、それが徐々に多神教の神となる王族や権力者への祭事に姿を変えていった。これは歴史上の事実だが、日本は地理上の利点と、外来宗教がヒンドゥー教以前の、バラモン教の亜流の多神教と共存する性質を持った仏教だったことにより、祭祀場が破壊されずにすんだのである。

最初に天皇と名乗り、日本という国号を制定し、伊勢神宮の遷宮をお決めになった天武天皇ご自身が出家したことや、仏教経典に造詣の深い方だったことを知れば、日本が神仏習合の国だということに納得してもらえるのではないだろうか。江戸時代の神社には僧侶がいて、祈祷をするのも普通のことだったし、一般人は神社寺院の区別なくさまざまなところで手を合わせていたのだ。

結婚式は、江戸時代には人前結婚式＝嫁入り・道具入り・祝言という形でおこなわれはじめてはいたが、それ以前は貧しい庶民にとって結婚の儀式などは考えも及ばないものだったに違いない。

世界の神々の宴

カナン人の宗教としてはじまったという説のあるユダヤ教は、ユダヤ人がバビロン人に隷属させられていくなかで、シュメール起源の多神教と相反する形で、ユダヤ民族の神が唯一の神であるという概念を確立していったのだろう。

シュメール神話は、ギリシャ神話、神道神話と同じくかなり神々が乱暴で好色だったりするのだが、文化や教養が発達していない古代の英雄や権力者の姿だと思えば腑に落ちる方も多いのではないだろうか。

よく、マヤ神話やシュメール神話、エジプト神話に星にまつわる話が多く、かなり正確な天体観測をしていたという事実から、人類他星起源説を主張する方がいらっしゃる。

だがこれは、夜間の娯楽施設や、YouTubeどころか電球もなかった時代、人々は夜に星を見て過ごすしかなかったからである。田舎に行くと、都市部と比べて本当に星がよく見える。人口が少なく大気汚染もなかった数千年前は、肉眼でもかなりの天体観測ができたのではないだろうか。

加えて、世界中で王や豪族という権力者は、太陽や星から選ばれた天子という概念を持たれやすく、下々は権力者のために日食や月食や夜空の星の動きを読み解いて、地上に何が起こるか必死に予測したに違いない。

以前、優秀なマヤのシャーマンの方の教えを見聞きする機会を持ったのだが、マヤの生贄を完全否定していらしてとても残念に思った。その方は、西洋先進国が、平和なマヤの神々やシャーマニズムの世界を、生贄という野蛮で残酷な宗教だと偏見を持ち、弾圧したという内容を主張していらした。

キリスト教徒がアフリカ大陸の人々を奴隷船で拉致して売買した史実や、他の宗教を否定し世界中の国々を植民地化したのは恥ずべき歴史だとは思うが、原始的なシャーマニズムで生贄をおこなっていなかったところなどほぼない。

マヤやアステカ文明に特に生贄が多かったのは、歴史的な遺跡を見れば一目瞭然の事実である。生贄を野蛮なこと、と主張すること自体が、生贄文化に対する先進国的な偏見ではないだろうか。

国や文化によっては、自ら進んで生贄になった宗教儀礼も少数だが存在するようである。

世界中の文化や古代宗教には、本当にさまざまな側面がある。エジプト神話もマヤ神話も、シュメール神話もヒンドゥー神道もギリシャ神話も、それぞれ違っているところもあるが同じところもあって、世界の霊的事情は本当に奥深い。

聖書のなかから

キリスト教、新約聖書のマタイによる福音書を読めば、主イエス・キリスト生誕のところでアブラハムの血統のことがかなり熱心に書かれていることに気づくだろう。

現在、日本社会を激震させているキリスト教系新宗教では、新約聖書のなかで聖母マリアが一時身を寄せた、正当な血筋を持つ司祭がキリストの父である可能性が強いと主張したことで、キリスト教国からカルト宗教の認定を受けたのだと、脱会幹部信者で現在住職になった方から聞いたことがある。

その真偽のほどはわからないが、新約聖書を読み込んでいくと、これはアブラハムの子孫の霊示宗教だと私には感じられる。

キリスト教系新宗教の霊感商法は大昔から問題になっていたが、教義やその予言、霊的な部分に触れる人はなぜかおらず、邪教だ、の一点張りの気がする。正式なキリスト教ではないという評価なのだろう。地下鉄でサリンを撒いた新宗教団体のときもそうであった。私たちから見たら正しい仏教でもヒンドゥー教でもありませんよ、ということなのだろう。

だが、この教団の死刑執行された教祖が世界的な聖者パイロット・ババと知己だったことは事実であったのだし、これらの宗教の持つ教義や霊的な部分を把握した上で、そこを脱会させるために教義の説明までできる人間があらわれないかぎり、霊的なものを求め、世に絶望した人を救うのは難しいだろう。そこをクリアしなければ、これらの教団や関連団体に霊的に引き寄せられる人が出てくる可能性はなくならないと思う。

キリスト教は、当たり前だが、ユダヤ教のバックボーンから起こっている宗教であり、主イエス・キリストはもちろんユダヤ人である。だが、それは現在私たちがユダヤ人といって一般的に想像するアシュケナジムの人（西洋白色人種の姿のユダヤ人）ではない。聖書に記された当時のその土地にいた人なので、現在の白色人種とは遠い姿だったことは容易に想像できる。

近年の科学では、キリストの姿はまさにそういった、浅黒い眉毛の濃い姿で復元されていた。主イエス・キリストを殺したユダヤ人ということで、一部の白色人種のキリスト教徒がユダヤ人に無意識に憎悪を抱いているとしたら、自分たちが思っている西洋絵画に描かれている繊細な姿のイエス様も、第二次世界大戦などで大逆殺された気の毒なユダヤ人も、歴史的に見れば当時のイスラエルの民と血筋としては関係ないことが頭から飛んでしまっているのであろう。

イスラム教の平等性

イスラム教の創始者である預言者ムハンマドにもたらされた初期の預言は、大天使ジブリエール（キリスト教でいうガブリエル）による、一般的な宗教のはじまりに多い巫《かんなぎ》的なものであった。そこから預言者ムハンマドは、卓越した人格と現代科学とも合致するレベルの高い予知能力で、最後の預言者と呼ばれるにふさわしい、人種や職業の平等を訴える世界宗教の基盤をつくっていった。

日本ではイスラム教に偏見のある人も多いと思うが、世界を震撼させたISとイスラム教は別物であり、偏見なしに教義を一読することをお薦めしておく。近代科学の予知ともいえる卓越した霊眼、合理的かつ人道的な教訓、亡くなるまで謙虚に一般人として生きた預言者ムハンマドは、現代人から見ても尊敬に値するすばらしい人物である。

イスラム教の教義のなかには、厳密な男女区分やLGBTに対する厳しい部分もあり、現代人の目から見ると受け入れがたいかもしれない。だが、神道のイザナギノミコトとイザナミノミコトが、子づくりの際に女から声をかけたのでヒルコが生まれてしまった、という神話を見てもわかるように、世界中の神話や宗教教典はほとんどが男尊女卑であり、同性愛を肯定している宗教はむしろ稀なのである。

最近の性の多様化に対する世界中の国家を挙げての賛同は、私のような古い人間には面食らってしまうことも多い。もちろん、性同一性障害の方や同性愛の方が差別されてはならないが、何でも多様化だといって、子供たちの学校のトイレの男女分けにまで文句をいう人の気持ちは理解に苦しむ。そっちを希望する子にはそっちでいいという、ゆるい感じでいいのではないだろうか。

恋愛の傾向も、複数恋愛者はポリアモリー、性愛のない者はアセクシャルなどと、呼び名が実に多様化している。その多様化した呼び名で呼ばれている人も一人ひとり実情は違うのだから、呼び名や分類を増やすことにこだわるよりも、他人を理解し受け入れる懐の深さを広めたほうが世の中は平和になるのではないかと思う。

神道は基本的にシャーマニズムベースの神話信仰なので、スサノオノミコトが汚いと怒ってオオゲツヒメを殺した話などを見るにつけ、人々を導く世界宗教にはなり得ないのは誰にでもわかるだろう。殺されたオオゲツヒメの頬や目から、その部所と韓国語で同じ発音の稲や粟などの穀物が出てきたことで、当時の東アジアの近さを知ることができる。

だからといって、国津神や天津神の一部は渡来神だ、いや逆に向こうにこちらの神が行き支配したのだ、などと論争しても仕方ない。

真実など誰にもわかりはしないのだ。単に、文化も宗教も、近隣諸国は互いに影響し合っていて、神社神道も例外ではないというだけなのである。

仮に日本のすべての神様がどこか遠くの国から渡来していたとしても、それが今では日本の神様であるというのは変わらないし、逆に日本の王族がどこか南の国で神になっていたとしても、それは日本人の神などではなくその国の神様だというのは当たり前のことである。

日本の民族宗教である神道が世界宗教たりえないのは、国津神神社に月参りする私でも冷静にそう思うのだから、外国の人にとっては当たり前のことであろう。荒唐無稽な神話を持つ祭祀場が先進国の日本でいまだに多数残り、それが歴史記念碑としてではなく信仰され続けていることが、たとえ仏教との共存などの歴史的な背景を考慮したとしても奇跡なのだ。

それを、神道のこころは世界でも有数の日本古来の争いなき魂だ、などと美化する必要はない。

荒ぶる神も、神として祀っていくなかで人々を守る神に成長していったのだ。元が人間だった神様らしくて親近感が湧いて面白いではないか。

神道がもし世界宗教になっていたら、大半の神話や神々は消されていただろう。荒ぶる神がまだ生きている神社だからこそ、感応道交した参拝客に驚くほどの奇跡を起こす場合があるのだ。これが霊団というものである。

宗教人でも、世界平和など一見正しそうな綺麗ごとをいう人ほど、違った意見の人に排他的になるものだ。日本は狭い国土のなかで多数の神社仏閣を長年保持し、荒削りの神話をいまだに大切にしながら、外来の世界宗教を受け入れ、新しい宗教の神をつくりあげることも厭わない神様好きの国、間違った方向にさえ行かなければそれでいいのでないかと私は思っている。

さまざまな宗教施設に実際に行き、無数の宗教者や霊能者と会ってきたが、イスラム教は現在世界にある宗教のなかでもっとも世界宗教足りえる教義を持っていると私は思っている。

数百年後、人類が宗教を保持しているとしたら、先の同性愛に対する問題などを世情に合わせてクリアしたイスラム教の可能性が強いだろう。

ユダヤ教やキリスト教がイスラム教より劣っていると申し上げているのではない。宗教的次元はそれぞれであり、すべて必要な課程で、何が上か下かという問題ではないのである。霊的な次元でいえば、教義以上に、これまで書いてきたような、縁があるか魂魄が合致するかなどの問題も重要だ。

私などはむしろ、思想が確立する以前の宗教を愛する人間である。ただ、世界的に見れば、多神教から一神教に、霊示宗教から道徳宗教に、民族宗教から世界宗教に、個人利益から世界平和や平等を目指すものに変わっていくのが宗教団体の成長であり、これは宗教という名目においては普遍的な真理であると思う。

この宗教の成長の道筋をたった一人で、国家まで敵にまわして生涯ユーモアと負けん気を失わず突っ走り続けてまっとうし、ついには神になった男が近年この日本にいたのを皆さんはご存知だろうか。

第六章　新宗教の成長する神々―神になる人々―

霊的修行よもやま話

修行がしたいのですが、どこでならちゃんとした修行ができますか？

最近は商業的なスピリチュアルが飽和状態のせいか、占い師の方からこういったご質問をよく受ける。その方に合わせて書籍や団体などを紹介する場合もあるし、霊視したヒントになるワードなどをお伝えすることもあるが、同時に公益財団法人日本心霊科学協会か、公益社団法人日本紅卍字会と同組織である道院をおすすめすることが多い。理由は、公益法人であり宗教法人ではなく、偏見なくとっつきやすいということと、私自身が参加したことがあり、問題がないと判断している団体だからである。会員にはならなかったが、心霊科学協会は数十年前、数回通わせていただき、霊能者の方にアドバイスをいただいた。あとから深く納得した経験を持てた。

道院は最近あまり会合に出席していないが、現在でも会員であり、坐は私の日々の習慣になっている。

心霊科学協会のほうはすんなり誰でも入会できると思うが、道院は面接を経ての入会なので、オカルトマニアやお花畑のようなことをいっていたらはねられてしまう。道院に興味がある方は、私自身の知己ではないが炁楽《きらく》仙女さんの書籍を事前に読んでおくか、活動を十分に把握してから門を叩いたほうが賢明であろう。世間のイメージより秘密結社的でもなく、謙虚で普通の方の多い修養団体だが、入ったからといって仙人になれるわけでもないし悟れるわけではない。さらに、公共性が高いゆえにカリスマぶった指導者などもおらず、ベッタリな人間関係があるわけでもないので、コミュニティを求める方には不向きである。

私が坐を休まず毎日の習慣にできたバックボーンには、一度挫折した参禅の悔しさがあると思う。

若き日に、私は鶴見の総持寺の日曜参禅会に参加していた。澤木興道禅師の著作に深く感銘を受け、自分にまつわる因縁や霊の匂いを消すことに命を懸けていたのだ。今でも私は、霊などを真理から見たら取るに足らないことと否定する禅の教えや浄土門派の思想が大好きである。霊現象やオカルトなどは、よほどのことでないかぎり否定して生きるのが賢明だという考えである。

十数年以上前に『水は答えを知っている』という、水があたかも感情を持っているかのように結晶写真を載せたシリーズ本が話題になり、好意的に受け入れられていた。私も数人の方から本をプレゼントされたことがあった。私は正直なのでコメントせず、冷ややかに見つめていたし、「水は何にも知らないよ」という、科学的リテラシーによる反論本が出たときに大喜びした類の人間である。

今では、このシリーズを検索したら疑似科学に関するサイトなどがすぐに出てくるので洗脳される人は少ないと思うが、ヘビメタを聞いたら水の結晶が醜くなってしまい、世界中の言葉でありがとうといったら水の結晶が美しくなるという不可解な本であった。しかも、ある国の言語で「ありがとう」の言葉を聞いた水の結晶の形が、お世辞にも美しくなく撮影されていて、それがハッキリと載っていたので、著者の偏見丸出しの本だなと思っていたのだ。

商業的なスピリチュアルなどを信じる人は、自分に耳触りのいいことしか信じない人が多い。幻視できない幻覚脳とでもいおうか、ゆえに、世界中でイルミナティや陰謀論などが花盛りになり、「私がそう思ったのだから真実だ」という信念において拡散されていくのだ。スピリチュアル情報を信じるより、人道意識が高く科学を信じるほうがまだましだというのが私の持論だ。

だが、この章の後半で王仁さんは霊的覚醒を目指しているすべての人に……などと書く私なので、その矛盾を笑っていただきたいし、話半分に聞いていただきたい。

霊的な存在に、知らず知らずに人間は左右されている、というのが私にとって真実だ。だが、どの宗教でもそのすべてはきちんと語られていない。霊は語れないような複雑な実体なので、一般化することは不可能なのだ。ゆえに、多数の人を救う宗教として宗教団体が発展するためには、霊的真理を度外視して道徳的な方向に行くのが正解だということである。

霊的なことはなかなか解明できないので中途半端な理解はむしろマイナスになる恐れのほうが強く、だから、ジンといわれる霊や小さな人格神などに依存せず、宇宙創生の神——その神は人間の男性を自分の姿に似せてつくったというキリスト教よりも、神は光のようなものという、科学と合致するところにまでたどり着いたイスラム教に世界宗教のゴールを見出せるのだ。

私は何教徒でもないが、すべての宗教から自分に欠けている何かを学びたいと思っているゆえ、ある種の宗教人から見たら矛盾だらけに見えるかもしれない。

仏の道の深い懐

「善人なをもて往生を遂ぐ、いわんや悪人をや」という歎異抄に感動したときの気持ちはいまでも忘れていない。法然上人をこよなく愛した親鸞聖人の魂から発せられた言葉の数々は、苦しむ人々の胸に響くものが多い。悪人こそ救われなければいけないのだ。新約聖書にも類似のことが書かれている。

世界中の宗教や教典は、さまざまな切り口で人を救おうとしているものなのだ。だが、どんな教典にも覚醒した始祖や霊人の方便が混ざっているので、そこに書かれたことを額面通りの真実だと捉えたら信仰は続かなくなってしまう。そういう類のものであり、信憑性には欠けるものなのだ。

教典の盲信もいけないのだが、何で悪人が善人より成仏するのだ？　おかしい、と重箱の隅を突いたとしても自分が幸せになれるものではない。

思想としては矛盾だらけなのが教典なのだ。そこから自分の魂を磨けるか、縁があるか、が大切で、そこから信仰を持てるかどうかが大事なのだ。

逆に、矛盾が少ない教典ほど後人の手で整備されてしまっているわけで、霊的な部分は欠けていくものなのだ。

私自身の経験でいえば、得度まで目指した浄土門派は優しいすばらしい教えであったが、よい機縁に恵まれず、大好きな教えではあったのだが禅は厳し過ぎた。というより、思春期過ぎの十代の多感な霊媒体質の人間が禅で大成できるほうが奇跡に近いのである。

話を参禅に戻そう。本当の終活を決めたら、また澤木興道禅師の本を読みたいと思っている。

澤木興道禅師は幼いころに両親をなくし、親戚の養子になって博打の見張りなどをやらされるなか、遊郭で急死した男を見て無常を実感し、のちに出家したという。子供時代から受けたその境遇の過酷さは、我々現代人などからすれば想像を絶するものだったろう。

座禅、座禅で一生を棒に振った男と称されていたのを知り、なんてかっこいいのだろう、自分もそうなりたいと思い、私は禅寺を探し歩いた。

私は身体が弱く、幼少期はまっすぐ立つのもしんどい状態だった上に、命を懸けて人生を棒に振る禅師のような強さは持ち合わせていなかったので、がんばって座禅に通っても落第生で終わってしまった。大体、がんばって通うようなものではないのが座禅なのだが、十代の私にはそんな理解もできなかったのである。

わが師に出会えて

幼いころから虚弱体質で、まっすぐに歩くこともできず、体育はいつも見学していた弱い私だったが、思春期に入ったあたりから、人に馬鹿にされたくないという気持ちで常に胸はいっぱいだった。禅に挫折してからも強い人間になりたいという意識はずっと残っており、あるバイト先での事件をきっかけに、大勢にからまれても一人くらいは負傷させられる喧嘩に強い人間になりたいと考え、二十代で武術をはじめた。

通いはじめた道場では、どうにもいくら練習しても強くなれる気がせず、道場が不良の多い盛り場のある駅だったため、チンピラにでもからまれたらという恐怖心で夜道を歩くのが怖くなってしまいやめてしまった。

このままでは一生負け犬だと、電話帳を片手にたくさんの道場に体験に行き、色々な武術書を読んで、ある人から武術の達人がいるという噂を聞いて門を叩いた。そこで巡り合えたのが超人的な力を持った師だったのだ。

人を見抜く目が卓越した師から「お前にはこの武器が向いている」と、素手でなく古武術の武器を使った術などを教えていただいた。

相変わらず素手では非力のままの私である。ただ、師のもとで霊的世界の存在の確証を得ることができ、民間祈祷師の血筋の自分を肯定できるようになったので、人生は何がどうなるか本当にそのときにはわからないものである。

神と仏の道を歩んで

私がはじめて手にした新宗教の本は、生長の家の『生命の實相』で、はじめて他人に連れていかれた新宗教は創価学会だった。

『生命の實相』は神憑りをベースにしているが、ニューソート的な、念じれば叶うという前向きな内容の本で、暗く内向的な私を変える良い機会になったし、創価学会は真面目な良い人が多く、印象は悪くなかったが、根本的に私のような民間祈祷師家系には霊的に合わない雰囲気で、入信する気になれなかった。

日本において、新宗教に勧誘された経験や何らかの新宗教に入信したことのある人の半数以上が、このような日蓮聖人系か出口王仁三郎聖師系ではないだろうか。

先に述べた公益法人の二つは大本教と深い関係を持っているし、創価学会は寺院の多い日蓮宗からではなく日蓮正宗のほうから派生した団体であるが、法華経を根本に携えている。こういう宗教団体は非常に多い。

新宗教アレルギーの方は、南無妙法蓮華経と聞くだけでいやな顔をする人もいる。だが、天台宗の朝題目夕念仏という言葉は有名だし、聖徳太子の時代から日本仏教の要である経典は法華経といっても過言ではない。

私は真言宗で得度したものであるが、あくまでも個人的な見解として、一般人が自分でできる行の霊験としては法華経の読誦に敵《かな》うものはないと思う。

法華経と般若心経

法華経のなかの観音経（観世音菩薩普門品第二十五）は、浄土門以外のほぼすべての宗派で読まれている。多数決が正しいわけではないが、寺院門派の多数決では般若心経よりも観音経に軍配が上がるのだ。

般若心経は大般若経の全六百巻の要約ともいわれているが、抜粋ではない。大般若経の要の部分といえる第五百七十八巻が、祈祷などに使われる大般若理趣分経であり、天台宗や曹洞宗などでも読まれているものだ。真言密教で読まれる理趣経の兄弟のようなものである。

現代では理趣経の口語訳などが簡単に手に入ってしまい、煩悩を肯定しているかのような文言にもさして驚きはないかもしれないが、厳しい禁欲や修行を経た昔の修行僧が理趣経にたどり着いたときの感慨は深かったに違いない。

どの経典を使おうと、どの修法でおこなおうと、祈祷は祈祷師個人の力によるところが大きいので優劣はつけ難いのだが、祈祷力でいったら、真言密教には怪物のような大阿闍梨もいらっしゃるし、天台宗には千日回峰行という人間を超えたような偉業をなす大行満阿闍梨が控え、日蓮宗では百日の大荒行を経た修法祈祷師などがいらして、それぞれに突出した霊力を持っている。

こういった祈祷専門ともいえる僧侶に出会えない場合は、一般の僧侶よりも、集団念と霊団の強固な形勢力を持つ神社でご祈祷を受けるほうが霊的にスッキリする人が多いのではないかと思う。

個人的には、中臣祓詞などの祝詞を神棚の前で奉納する場合は、神社本庁で広められているものよりも、少々グロテスクな天津罪や国津罪が含まれたもののほうが神様に響くと私は感じている。神社の神霊に新しく加わった末端の霊魂がその時代の方々なので、その魂に響くのであろう。

天津罪国津罪の記された古い祝詞をグロテスクだと感じ、法華経の提婆達多品第十二の龍女成佛を女性差別だと考えるのは、宗教教典を頭で理解しているからである。身内に自死した女性などがいて、供養にいいと僧侶に勧められたら、ひたすらありがたいと提婆達多品の読経にいそしむだろうし、真剣に手を合わせて神棚で祝詞を唱えていたら、どの祝詞が感応道交するかわかるはずである。

そういう意味で、このように私が説明するのもよくないのかもしれないが、私は我が家の神棚のご祭神を皆様も祀りなさいとか、私が日々読んでいる神詞や経文を読みなさいなどと押し付けたりはしないので、ご理解いただきたいと思う。

法華経読誦が安全で霊的な加護を受けやすいのは、徹底的に法華経に命を捧げた日蓮聖人の神霊としての力やその関係霊団の存在も大きいが、やはり歴史的に膨大な数の人々が法華経に帰依してきたことも理由ではないかと思う。

法華経では観音経が多くの人に親しまれているが、全巻を通して一番多く名前が挙がっているのは弥勒菩薩と薬王菩薩である。

祈禱の師匠のもとで

弘法大師に憧れる人は多いと思う。私もその一人だった。

「三界の狂人は狂わせることを知らず。四生の盲者は盲なることを識らず。生まれ生まれ生まれ生まれて生の始めに暗く死に死に死に死んで死の終わりに冥し」

有名な秘蔵宝論の言葉だ。私などが評するまでもなく、奥が深くて、魂の底から感銘を受ける詩人以上の言葉である。やはり空海さんは大天才である。

さて、真言宗では浄土門派と違い、スムーズにご縁をいただいて度牒までこぎつけたのだが、ここでも私は禅の修行と同じく落第生になってしまった。

観想などが多い真言宗の修行が、幻視体質で生粋の霊媒の血筋の私の精神状態を悪化させてしまったのである。特に、師匠直伝のある観想法から、深くは記せないが私の家はお化け屋敷と化してしまったのだ。

従来の私の経験とは違った霊的な体験を真言宗寺院ですることもできたし、大きな守護神のついていた場所だったと今でも素直に思うが、霊的エリートというか、選ばれしもののための行場……または、霊を感じない、魂の強い人のための修行といった感であった。

結局、私は距離を置くことになった。弘法大師の衆生への救済力は今でも大きく、遍路などをまわる人に奇跡を授けていらっしゃるのだが、密教の修行は縁のない者には厳しいものなのだ。

今でも弘法大師への憧れはもちろん残っているし、ご縁があった真言宗寺院のことは時折思い出す。

私自身に先祖由来の多数の霊魂が付いており、それは意志のある人間のように時折動くのだが、チベット密教の観想や虚空蔵菩薩の求聞持法などは、そういった霊魂自体や周りの魄体を激しい修行で取り外し、その観想や真言で新しく神仏の勧請を促すものなのである。

ゆえに一子相伝であり、弟子の修行に師僧が自らの魂魄を貸して達成させるというのが実態なのだ。

私が道を求めてがむしゃらにたどりついた寺院は、本山とは離れた末寺だった。霊的世界に興味を持ち、普通のサラリーマンを辞めて得度し寺まで構えた住職は優秀な霊能者であり、私と気が合った。柔和で知的な方であった。さまざまな修行法を伝授してくれたが、具体的に住職の守護霊的なものがこちらにきた感じは薄く、やはり霊感がない僧侶ばかりであっても伝統的な寺院で得度したほうが良かったと、正直、私は思ってしまったくらいだ。

お金になる信者さんの祈祷などでは伝統寺院の阿闍梨より効力を発する住職の霊力は、私たち弟子の育成に関してはさっぱりだったのだ。むしろお世話になっているぶん、こちらの魂魄や魄体を貸している状態だった。

ある信者さんの祈祷のときにそのことがわかり、丁寧な挨拶をして距離を置かせていただいたのが実際のところである。

霊的世界は、表面で見える常識では判断できない。

住職は、弟子たちからさしたるお金も取らず、人柄的にもすばらしい方であった。最近はロッカー型納骨堂の建立も企画しているらしいと聞いた。だが、寺はこの方一代で終わるだろう。

末寺のロッカー型納骨堂は買ってはいけない

新しく墓所を購入する方や墓仕舞いを考えている方は、安くても末寺の合同墓所やロッカー型納骨堂や樹木墓などではなく、本山か伝統ある寺院のものを選んだほうが賢明である。

霊団の大きさが違うし、この寺離れの時代に檀家も持たない末寺が続く可能性などほぼないからである。販売している寺院はほとんどが檀家制度の崩壊により経済困難に陥っており、今をしのぐために永代供養付きなどと銘打ってロッカー型納骨堂などを廉価で販売しているのだ。

墓仕舞いするなら、観光でも人が訪れる大本山クラスの寺院の合同墓所や供養塔がおすすめである。春と秋の彼岸には確実に供養の儀式が施されるし、そこに眠る方々のご家族などの参拝も絶えない。墓相でいったら土葬がベターで次が土の上の墓であるが、そこにこだわって当てにならない子孫に頼るのは好ましくない。大きな墓を霊園などで維持しても墓参りする者がいなくなる可能性が強いので、合同墓所が現実的である。

もちろん、大本山クラスなら百万円くらいは見ておかないといけないが、私は、葬儀の読経や戒名や墓が高いという人の気が知れない。

昨今は、適当な資格取得の学校でも、ゆうに年間百万はかかるのが普通である。それに、人気のハイブランドでは靴下が一万円、Tシャツが十万円する時代なのだ。

先祖の霊魂の影響をないに等しいと思っているから、それにお金をかけるのを意味のないことだと感じ、旅行や娯楽にかけるお金はあっても、自らの死後や親の死後のためにはお金を捻出しないのだろう。

自分のために、生前でも合同墓や供養塔の申し込みをおすすめする。

そこの寺院の守りは、申し込んだ日からはじまるのだ。私は入る予定の檀家寺院と数か所の崇敬神社などに会費を納めているが、これほど費用対効果がよいことはない。

費用対効果がよいなどと書いてしまうのは神仏に失礼かもしれないが、私がお金を納めているところは誰もが知っているような神社仏閣である。そこの存続維持にご協力させていただいているというのも、心から光栄である。どこまでいっても参拝客はお客様で、氏子や檀家になってはじめて身内なのである。

得度した真言宗の寺院と離れたころから、私は無理に道を求めて自分を離れ、特別な何かになろうとしていること自体が愚かなのではないかと思いはじめた。昔ながらの私の祖父母のやり方——霊視で浮かんだことを伝え、引っかかっている仏さんがいたら縁ある神様や仏様にお頼みし、ひたすら拝んで解決する。こう書くとメルヘンか何かのように聞こえるかもしれないが、つまり、ひたすら霊に向き合って生きるのが私には一番現実的なのであった。

最近は、祈祷などの需要は減ってはきたものの、まだ霊視鑑定などはご要望がある。ありがたいことである。

法華経読誦の奇跡

冷静に自分を振り返ってみると、私は死の恐怖を乗り越え、強い自分になりたいという大義名分の下で、民間祈祷師＝拝み屋とさげすまれることから逃げだしたい子供のままだったのだ。そんななか、ふと昔から観音経でよく信者さんにも霊が降りたことを思い出し、法華経に興味を持ち、読む巻数を増やしていったのだった。

あくまでも日々の習慣としての読誦だったのだが、法華経の内容は驚くほどバラエティに富んでいてかなり効果があったし、驚くほどの奇跡も体験した。

どうやら、法華経や日蓮聖人の霊団は、誰でも真剣に法華経を読み南無妙法蓮華経とお唱えしたら必ず救われる、叶わないことなどないという、とても前向きな霊的設定がなされているのだと気づいた。

日蓮聖人の祈祷抄に、

「行者は必ず不実なりとも智慧は愚かなりとも、身は不浄なりとも、戒徳は備えずとも、南無妙法蓮華経と申さば必ず守護したもうべし。疾く疾く利生を授けたまえと強盛に申すならば、いかでか祈りのかなわざるべき」

という力強いお言葉がある。

日蓮宗は、江戸時代には浄土門派とともに同和地区の方を墓所に受け入れてきた。差別戒名などの問題はあったものの、弱い立場の味方だった門派である。

私が命を懸けてがんばっていた密教の修行は（といっても呪術寄りの寺院だったのだが）、特別な選ばれた者に験があらわれる類の秘法であった。そのような霊的設定が密教の霊団でなされていたのだ。

若き日には仙道修練の団体に加入し、幽体離脱でなく陽神出身を目指した過去などからも（この団体では落第しなかったが先生がいなくなってしまった）、私は特別になりたい意識が強い人間で、秘伝にばかり憧れてきたと気づかされたのだ。

平易な読経で一心に祈るだけで皆に験が出るほどよいことはない。

以来、先祖の祀ってきた神詞と経文とともに、般若心経と法華経の読誦を日々の日課にし、毎月一日には氏神様の参拝をしている。そして、お客様の祈祷を頼まれたら、お伺いをしてから霊や神様の意向に合わせて神社仏閣を参拝して術を施すという、拝み屋系霊能者としての当たり前のことをして生きながらえている。

疾風怒濤の神の子、降臨

日本で霊的なことを生業にしている人で、出口王仁三郎という名前を聞いたことのない人はおそらくいないだろう。だが、その実体に深く切り込んでみる勇気のある人もそう多くはない。コロナが五六七だ、ミロクだと巷で予言めいた扱いをされても、実際に王仁三郎さんの軌跡を辿ろうとする人はなぜだか少ない。

それは、大本教が戦前の治安維持法の下で大弾圧を受けた歴史がまだ新しく、人々の集合意識や潜在意識に働きかけて、見て見ぬ振りをさせているからであろう。

お上に逆らうとろくな目には遭わない、という同調勢力や恐怖心は、現在でも我々のＤＮＡに刻まれてしまっているのだ。

古いタイプの霊能者として市井を生きるなか、ある日私は、あり得ないシンクロで『巨人出口王仁三郎』という書籍を手にした。

読んでびっくりした。ただただ感嘆した。今まで実際に知りあったリアルな人間以上に、この出口王仁三郎聖師は私を変えた。そして、書くのも憚られるが次々に霊的なメッセージやさまざまな物理的なシンクロが起きはじめたのだ。

王仁さん（愛情から王仁さんと呼ばせていただく）くらい誤解され続けている方は少ないのではないだろうか。誤解というよりは、あまりに突き抜けすぎていて、一般人からは理解できないというのが本当のところなのだ。

日本の地で霊的なことに携わる人には必ず手を差し伸べているのが、この出口王仁三郎聖師と日蓮聖人のお二人であると私は確信している。特に王仁さんは、霊が見える人から見たら露骨なくらいに数字やシンボルを寄越し、具体的にお姿すらあらわされる。

二人の共通点は徹底的な宗教弾圧を受けたことと、どこまでも自分に正直で、庶民というかすべての人の味方であること。日蓮聖人は自らを旋陀羅の子と称し、王仁さんは土地を持たない百姓の子で、プロ（プロレタリアートの略）の家に生まれたと歌で詠んだところも似ている。

愛情が深く、世の中を変えてやろうという熱血漢で、良い悪いを抜きにして、いまの新宗教の二大本流が二人に影響を受けた人や団体だというのも深く頷ける。宗教の持つ人類救済をきちんと体現している、数少ない本物の宗教者なのである。

日蓮宗は、新宗教の影響で、法華経以外は絶対駄目だという、仏教では過激な宗派だと誤解されている節があるが、さまざまな日蓮聖人の書簡などを見ると、想像するより視野が広く、温かい心で信者を励ましているのが見て取れる。何よりも乱世を考慮すべきであるし、日蓮聖人ご自身の曼陀羅のなかに神の名もあるのである。

私は、日蓮正宗系の新宗教や他の一神教の宗教にコミットしているものではないが、これしか信じてはいけないという伝え方は、宗教の在り方として正しい面もあると思っている。どこで何を拝んでも根本は同じなのでいいとしてしまったら、普通の人はむしろ不安になるだろう。それに、上面だけで納得し内面を磨く努力などせずさぼってしまうだろう。

一般の人は、自分の霊的状態などわからないのが当たり前だからである。

また、スピリチュアルや瞑想などでいうサムシンググレートの存在を信じ、すべてに神の顕現を見ることはすばらしいことだとは思うが、言葉を繰り返しているだけで、体感できている方は本当に、一部にしか過ぎないのもわかっている。

一般的に、スピリチュアル講座や瞑想や占いを商売にしているプロの人より、家族の健康を祈る宗教の信者の主婦のほうがよほど霊的に覚醒している。肩書などではなく、本気で祈っているか瞑想しているかどうかが大切なのだ。もちろん、すべてのプロは駄目だなどは一概にいえないが、大事なのは、日々謙虚に生きて、自分にも他人にも嘘をつかないことだ。

プロになると、どうしても他人にも自分にも嘘をつかざるを得ない場面に出くわすので、その差が出るのかもしれない。

人とも神とも真剣に遊ぶ

王仁さんをネットで検索し最初に見た方は、スサノオノミコト、ヒメガミの扮装や独特のヘアスタイルに度肝を抜かれてしまい、膨大な霊示で書かれた霊界物語や預言的中率の高さ、ギネスブックレベルの短歌の創作数、楽焼の美や世界を包括するような芸術作品の多彩さにばかり関心がいき、その愛にたどり着くことがなかなかできないのだろう。

興味のある方は、実孫である出口京太郎さんが書かれた『巨人出口王仁三郎』をぜひ一読していただきたい。天声社から出版されている。自らがヤンチャにモンゴルを周遊して処刑されそうになったときに、世界を守らんと辞世の句を詠んだ方である。すべてが想定外なのだ。

私は大本教の信者でもないし、新宗教の大本教を批判する気も毛頭ないが、そこで祀られている出口王仁三郎聖師の墓所に参拝するために入信を考えたこともあるほどである。

世界中の宗教は、大体が始祖の神憑りからはじまっている。出口なお開祖の、シャーマンとしての突出した能力ももちろん認めている。ただ、戦後に大本という名前を外し、愛善苑という名で新スタートを切ったのが王仁さんの本意であり、本人の望んだ後継者がそのままトップでいられなかったなど、予言通りの分裂とはいえ、残念な感が否めないのだ。宣伝歌を聞けばわかるが、誰よりも期待した愛娘である直日三代教主の意志であるから、もちろん王仁さんは了諾しているに違いないのだが、亡くなってすぐに愛善苑を大本の名に戻されてしまったのは、少なくとも本人の意志ではないだろう。

また、教団での王仁さんの霊的後継者だった出口日出麿さんが拷問で廃人同様になり、多数の死者を出した第二次大本事件が一部の人権派の弁護士以外の人々の口にのぼることがあまりに少ないように感じる。

出口日出麿三代教主輔の霊格の高さは、ご本人の著作『生きがいの探求』などを読めば明らかで、清らかでまっすぐな精神性がすぐにわかると思う。私は日本のキリストだと思っている。ご本人は平成三年十二月二十五日に亡くなった。これは、令和四年八月三十日に亡くなったソビエト連邦の初代大統領ゴルバチョフの任期満了の日であった。そして、令和四年にロシアのウクライナ侵攻が起きてしまったのである。

ほとんど外れなかった王仁さんの予言で外れていたのは米ソの戦争くらいだ。日出麿教主輔は、戦時下の特高警察による壮絶極まりない拷問により廃人と化したが、そのじつは、ご神業で世界平和のため、戦争を止めるためにがんばっていたとしか思えない。戦時下に多大な犠牲を払った大本教のご神業は、ある意味で成就されたのではないだろうか。

人間らしい人間で居続けた神の子

王仁さんの後継者が日出麿さん以外のわけがなく、日月神示がまるで霊界物語の続編で、自らが公認し兜を脱いだ書籍であるような形で広まっていくのを、王仁さんが愉快な目で見ているわけはない。霊界物語にちりばめられたたくさんの神々の言葉は、ぜひご自身で読んでいただきたい。

大陸で現地の人に威張る邦人男性を見て、これが大和男子かと嘆いて歌を詠んだ王仁さん。戦争に行く信者に、空に向かって撃てよと諭した王仁さん。愛国心は誰よりも厚く、日本古来の神々にたくさんのお言葉をもらいながらも、神社の神はエンジェル、天地創造の神以外礼拝してはいけないという境地にまでたどり着いた王仁さん。若き日の突飛な霊力もすさまじく、神や霊と生きながらも人間らしく生きることが一番だと気づき、世界共通語を夢見てエスペラント語の普及に奔走した王仁さん。土着神や先祖の神憑りから教団の成立を成し遂げ、戦時下に左翼思想も右翼思想も手玉に取り、思想などは絶対的な真理になり得ないと悟り、応機説法で人々を導いた確信犯の天才である。

人類が祈りはじめてから千年以上かけて築きあげた神の成長を、たったひとりで自然に体現してしまったのである。だから、霊界物語や天津金木によるご神託など、その成長課程のみにフォーカスされては気の毒だと思う。

また、出口なお開祖の神憑りを、たくみなやり方で広げた、商才に長けた審神者的役割の人物という評価も正しくはない。彼自身、なお開祖と同等以上の霊媒であり、同時に預言者であったのは周知の事実である。大変な勉強家で、審神者としての力もつけていきさまざまなことを同時にこなしていったのである。

歌集を見れば、いかに商売が下手で借金取りに追われ火の車であったか、恋に苦しんでいたかがわかるし、厳しかった父親に葛藤しつつも、自らの父を呼び捨てにした地主に対する怒りの歌などから、その深い愛が見てとれる。現在でいうところの炎上商法に近いやり方で噂を広げ、利用したのも、当時の世相を知り尽くしてのことだ。常に神世にいた彼にはすべてが方便だったのだろう。

竜樹菩薩の空の思想を、神や霊の世界でのすべての根本と説明していることからも、法華経などにも造詣が深く、一般人が思っているより神道一辺倒ではないのだ。

現在流布する陰謀論などが、残念ながら王仁さんの霊脈から起こっているものも多いのである。日本が世界の中心で、大本教から世界のすべては起こる、さもありなんといった彼の預言は数々成就されているが、同時に彼は、どこの国の人間も自国中心になるが、それは正しいわけではない。けれど神様はそのくらいは大目にみてくれると、そこまでちゃんと書いているのだ。

神憑りの初期に出会う祖霊や神霊は、自国や自分の組織を必ずいいようにいう。だから、霊能者は愛国心が強くて当たり前なのだ。逆に、自分の国のために涙を流したことのない宗教者や霊能者など偽物である。

そこから、祖霊や神霊を愛し感謝しつつ、すべての国の人が自分と同じ神に愛される人間なのだと気づき、すべての宗教や神に頭を下げ、普遍的なもっと大きいところまで祈れるようになれるかどうかが真の宗教人になれるかの瀬戸際である――王仁さんはそこに至り、さらに愛善苑で宗教のかたちすら卒業しようとしていたのではないだろうか。彼は最後まで人間らしい人間で居続け、人生を愛していた。

世界の中心が我という覚悟

ほとんどの新宗教の教祖は、ここが世界の中心地だというお告げを受けて開教する。逆に、自分が神の子で世界の中心であるということを引き受けなければ、人のために祈ることなどできはしない。

常識や道徳と宗教は違う。ここに神が降りたのだということが他人への押し付けになった場合は、お前の神は駄目で俺の神が正しいという排他心で、魔界に落ちる元となってしまう。

神に選ばれし民としての歴史が長いユダヤ民族は、人に自分の神を押し付けたりしないし、神に祈る人間がどれだけ厳しい目にあうかと常に心を制し、祈り、魂を磨いている。神の本質にふれたことのない人が、ユダヤ民族は自分たちが選ばれた民だと思っていて傲慢だ、などと勘違いするのだろう。

王仁さんや当時の大本教の信者さんは、はたして傲慢だったであろうか。戦前に中国大陸で起こった道院＝世界紅卍字会は、世界大戦を止めるためにできた団体だからこそ、出口王仁三郎聖師に白羽の矢が立ち、神が王仁さんを選んだのだと私は確信している。選ばれるということは本当に大変なことなのだ。

私は妄想で語っているのではないが、これは道院の正式な見解ではなく、私の意見である。道院のウェブサイトを見ていただければわかるが、大本教とともに弾圧されたこの団体は、戦後八月二十七日の中国での御神託を発端に、日本で復興されたのである。新旧の違いはあるが、八月二十七日は王仁さんの誕生日である。

世界で弾圧の憂き目にあった瞑想指導者のＯＳＨＯが、天河神社に向けてマイトレーヤ宣言を送ったのが昭和六十三年三月三日であった。

三月三日といえば、昭和三年三月三日にみろく大祭がおこなわれ、それがもとで第二次大本事件が起きてしまった。ちなみに、みろく大祭は、出口なお開祖の明治三十年旧三月三日の独立の日と合わせて三が六個になることから、弥勒にかけているのである。

ＯＳＨＯは、王仁さんと同じ一月十九日に亡くなった。ＯＳＨＯは二〇〇〇年くらいまではフリーセックスの瞑想団体のグルであるかのような誤解をされていたが、近年になって類まれな観察眼と指導力が正当に評価されるようになった。独覚の天才であることは、著作を数冊読めば誰にでもわかることだ。

こういった、王仁さんと数字の不思議な関係について書いたら一冊の本になってしまう。神となった出口王仁三郎聖師は、今でも霊的覚醒を目指す人に自分に続けと道を示してくれているし、社会や人々のためにがんばる人を一生懸命応援してくれているのだ。本気で祈れば必ず助けてくれるのが神なのだ。

そして案外、世界宗教からでも新宗教からでも、神になる人は多数出ているのだ。

私になど興味をもってくれなくていいが、この本を手にした人が、人類百八十万年の歴史のなかでこんなすごい男が日本にいたということを知ってくれれば本望である。

おのが国　愛すればこそ世界をも　誠の愛の王仁三郎師

三神間音　拝

第七章　内なる神と繋がるために

聖書からの愛のメッセージ

私は新約聖書を読むのが好きである。聖書を読むきっかけは、臨済宗の高僧で宗派を超えた仏教の会、南無の会の会長でいらした故松原泰道先生の影響である。南無の会の講演を聴きに行ったときに、高いところから失礼しますとご挨拶をなさったお姿と確かな慈愛に満ちたお話に私は心を捉えられ、一時期は先生の著作をむさぼるように読みふけった。

そのとき、大法輪のインタビューか何かで、最近は聖書を参考にしているとおっしやっているのを見て、急いで聖書を購入し、近所の教会にしばらく通った。いい思い出である。

コリント人への手紙にある「愛は寛容であり、愛は情深い。また、ねたむことをしない。愛は高ぶらない、誇らない、不作法をしない、自分の利益を求めない、いらだたない、恨みをいだかない」という聖句の、愛というところに私をいれてみたらいいという牧師様の説教に感銘を受け、以来、パウロの手紙や福音書は私の一番の愛読書となった。

この福音書のたとえ話は、法華経の前四巻に似ている。世界中の宗教教典は本当に共通点が多い。

どの宗教が優れているとかいないとかではなく、本当に、その人と機縁があるかないかなのだと思う。時期と場所と魂が合致すれば、神は心にすんなりと入ってくるのだ。それなのに、教典の一部を捻じ曲げて解釈し、他人や他国を蹂躙する道具にしてしまうのが人間の恐ろしさである。

霊能力が落ちたわけ

最近の私はめっきり霊能力が落ちた。年齢のせいもあるが、それ以上に坐や瞑想の影響が強いと思う。ほかのすべての仕事も、定年を迎え、一定以上の年齢になると後進に席を譲るが、それよりさらに特殊な霊通能力を使う霊能者という職務は、年を重ねるほどにあからさまに仕事が減ってくる。

スポーツ選手のピークが若いときであるのと近いかもしれない。

魂魄や魄体という身体のエネルギーを多量に使う仕事ゆえ、霊通能力がすさまじいのは二十代三十代であり、人生経験や包容力を加味して仕事の出来をジャッジしてみても、四十代、五十代がピークなのだ。結果が出ないとお客様はすぐにわかって離れていってしまう。

私はそこそこ苦労人であり、お客様に説教を垂れたりしないし、念通能力は健在なのでまだ仕事には不自由していないが、三十代のピークだったころの自分の霊的力を思い返すと、まるで他人のように感じてしまう。

拝み屋の野垂れ死にという言葉は、お客様の霊的事物を受けて死んでしまうという意味なのだが、若いときはすんなりお客様の身代わりになれて、霊的なやっかいごとを引き受けて浄化できたが、年をとって体力が衰えるとなかなかうまくいかず、自らの命を持って行かれてしまうのだろう。

道院の坐をはじめて

もともと私は虚弱体質であった。長年の武術や気功修練から健康になれたが、中年を過ぎたあたりから再び健康状態に不安を感じ、どの修養団体に長寿者が多いかを念入りに調べた結果、道院の坐にたどりついた。

私は二〇二一年の比較的初期のころに、罹患するとも思えない場所でコロナウイルスにかかってしまった。身体はだるく、嗅覚を一時失った。しかし、坐のおかげか熱も出ず、隔離期間中も家で朝から気功修練と神行と坐ができる状態であった。

座禅や坐、瞑想は、やり過ぎて足腰を壊さなければ本当に心身によいものである。

座禅や正座の修行はすばらしいが、腰や膝に負担がかかるので、椅子でできる道院の坐や瞑想が中高年にはおすすめである。

近年私は、用事がないときは気功と道院の坐と自己流の瞑想にほとんどの時間を費やすようになった。長年の武術修練を経たせいか、瞑想のエクスタシー、気功の小周天の状態はすぐに訪れ、さらに胸の内の神様と繋がるような経験にまで辿り着けたし、自分がなくなる感覚の内にも居続けられるようになった。

瞑想は体感が大事

瞑想でも気功でも、初期のころに魂魄を下丹田に呼吸法で固定させると、性的エクスタシーに近い感覚が訪れる。これが、俗に瞑想のエクスタシーといわれているものだ。これを性的な妄想などに結びつけず、特定の観想や空の概念で強化し、さらに他の場所でも魂魄を置けるようになっていくのが霊的扉を開くポイントである。

下丹田でなく、中丹田でも上丹田でも、どこか一ヵ所にポイントを置き呼吸に集中すれば同じ効果が得られる。一方、呼吸の数を数え瞑想に入る習慣をつくった場合、ほとんど呼吸をしない胎息の状態に移行しづらいため、丹田やチャクラの場所を意識しないで数息《すうそく》もせずにただ瞑想するやり方もあるが、下丹田に意識を持っていくのが初心者には効果があると私は思っている。

あまり下ネタには触れたくないが、性的エネルギーは霊的エネルギーに結びついているのでお話ししておこう。

各宗教が禁欲を強いるのは、性がみだらなものだからでなく、その強いエネルギーを禁欲により不老不死や他者救済に使えるようにするためである。男女の性的結合でもっとも魂魄をすり減らすのは、他人の念や商業作品の暴力的な妄想などの憑依である。マスターベーション時の暴力的な妄想などはほぼ念体系の憑依のため、魂体まで変態的な思考に影響されてしまうと、心身はおろか生命に害がある。

情報が少なかった昔の男女は、生命力を活性化させるすばらしい性交渉で子供をたくさん授かり、性交渉自体が修行やストレス発散になり得ていた。しかし、今やセックスレスが普通の時代である。

男性は精神的に病むか性的に弱くなればなるほど、特殊なサービスや妄想が必要になるし、私の鑑定の経験からいうと、世間の誤解とは反対に、恋愛相手に執着する女性ほど性的にはあまり長けていない場合が多い。

男女ともに、前戯でなく本番行為中心にきちんと性交渉をすることが大切である。そのためには、同じパートナーと数年みっちりセックスしなくてはいけないし、性行為にも訓練や鍛錬が必要なのである。自分の肉体をしっかり感じ、動物本来の生命エネルギーを使って、妄想など挟まず相手のために動き、同時にエクスタシーに達するという崇高な性の喜びが大切なのだ。

暴力的な性的妄想やエゴの拡大の恋愛ゲームでそれらが汚されてしまっている現代は、本当に危険な時代なのである。

よいセックスが広まれば戦争もなくなるかもしれない。今や一般人は、昔の農村のお父さんお母さんがしていた性交渉の半分以下の性生活すら営めていない状況である。

瞑想はますます必須になってくるだろう。性交渉でも瞑想でも、魂魄を凝結させ、自らの生命力を強化するシステムであることに変わりはないのだ。瞑想は自己との対話でもあり身体の解放でもあるだけでなく、自らの肉体と霊魂を別次元にいざなう秘密の行でもあるのだ。

神も成長したがっている

まだまだ本当の覚醒にはこれからではあるが、修行は一生続けていきたいと思っている。

だが、多少予測はしていたものの、行が進むに従って、私のために働いてくれていた霊魂の動きが不活発になって、霊視能力が落ちてしまった。たぶん、私の魂魄にかぶさって活動していた先祖由来の霊魂と少し距離が出てしまい、本来の私の魂魄が中心になってきたのだろう。

呼べばもちろん守護神も先祖霊もいらっしゃるのだが、昔は私が何も考えないうちにお客様や私の仕事のために色々動いてくれていたのだとわかった。それを実感して寂しくなったし、稲荷家系の先輩霊能者さんの「私らみたいな特殊な人間は、瞑想とか変なことをしたら逆によくないよ」という言葉を思い出しもした。修行を中断しようかとも考えた。だが、以前のような状態では、確実に死んだ後も同じ世界に向かい、輪廻したとしても私は占い師や霊能者であることがほぼ確実なわけで——それはそれで嫌ではないのだが、もっと新たな可能性、本当に夢のまた夢かもしれないが、悟りに近づきたいというか、もう輪廻などしたくないという魂の切望に従って続けることにした。

近代までは、シャーマンなど神憑りした人間は、その道を止めようとしたら苦難に見舞われるといわれていた。私もずっとそう信じてきたし、実際そのような現象を数多く見てきた。俗にいう、お役目というやつだ。

だが、私は恐ろしい現象には見舞われなかった。本業を止めてはいないので、大目にみてもらっているだけなのかもしれない。世間から長いあいだ畏れられてきた代々の守護神様も、ご先祖様も寛容になったのだろうか。

どうも、私の変化と活動を応援してくれているような感じがするのだ。私の身勝手な妄想をあきれて見ていらっしゃるのか、それとも、人の世が変わる以上に神様の世界も変容しているのだろうか。

本当のところは、死ななければわからない。だが実際、拝み屋系霊能者であるかぎり、私にはこのような書籍を書けるはずがなかったのだ。本を出すとしても、お客様の了解を得て、自分の仕事話や、最初に神様が降りたときの話や、霊のよもやま話など、一般の方から共感を得づらい仕事の宣伝本に仕上がっていただろう（はたしてこの本が読みやすいかは疑問であるが）。

私は、私の肉体と魂魄とともに日々呼吸し前進している。もっとうんと行が進めば、昔の禅僧が達した千里眼のような境地にたどり着けるかもしれない。だが、あまり長い修行時間がないので、その可能性は高くはなさそうだ。どこまで進めるかわからないが、行けるところまで行ってやろうと思う。

どうやら、私だけでなく私の先祖霊も神様も前に進みたかったのだろうと、ついに私は思うに至った。身体の一部と化した先祖霊は、こちらに霊的なことを教えてくれて、自在に色々なところに行き来し、仕事の手伝いなどをしてくれるのだが、私の脳や行動を通じて視野を広げ、さらに智慧を増やし、行動範囲を広げているのである。

二人三脚で修行をしているようなものである。霊能者として生きる子孫可愛さと自分の習慣でがんばるだけでなく、さらに霊的な覚醒をする道に、ご先祖様や祀ってきた神様までが興味を持っているということがありありとわかる。私はゆるぎない信念を持つことができたのだ。

もうかなり前の話だが、ある夜中に急に身体に先祖の霊が降りて起こされたことがあった。その先祖の霊は、可愛い小さな坊やがいるよと笑っていた。その後に複数の先祖霊がやってきて、インド人でも中国人でもない、目のクリクリした坊やだと大いに盛り上がって話していたのだ。直後にダークブラウンの巻き毛の小さな白人の子供が見え、消えていった。当時、私は教会に通っていたので、何かのご縁でついてきたのか、用事があったのだろうと思ったが、次の日曜学校でバザーのボランティアを頼まれ、このお使いだったのかと納得できた。多分、私のご先祖様や神様は西洋人を見たことがなかったのだろう。

このことがあって、私は霊団ごとに認識や常識が違うということを確信できたし、先祖霊や神様はありがたい存在だが、学び続けてともに成長しなければいけない面もあるのだと痛感できた。もともと神様も霊魂も人間だったのだから、当たり前の話である。

だが、どうしても人は、霊示や神示といったら真理だと思い込みがちなのである。霊示や神示は、その霊団にとっての真実、そこの神様にとっての真理に過ぎないのだ。

一神教の神は、宇宙創生のエネルギーを神と制定しているのだろうが、あるとき、ある場所で、ある人が、自然のエネルギーや霊的な存在を捉え、そこから組織が形成されていった、ある人たちの語る神であることに変わりはないのである。

何度もいうが、私は宗教組織を否定しているのではない。

むしろ、今まで書いてきたように、たくさんの宗教教典や霊団にふれてさまざまなことを学び、自分と自分の神様を成長させていきたいとずっと思ってきた者だ。

宇宙の創造のために、世界が平和になるために、あなたの魂魄も私の魂魄も前進したがっているのだ。背景にある無数の魂体魄体も、霊魂も霊団も、さまざまな神々も、共存と悟りへ向かって歩んでいる途中なのだ。

人が宗教や神を求めるのは、死を恐れることからはじまるのかもしれないが、祈りと瞑想から、人は宇宙に溶け込む状態に至ることができ、本当に意味ある生をまっとうできるようになるのではないだろうか。

私は長いあいだ、ずっと自分に満足し切れず、新たな道を求めてきた。霊的に覚醒したいという気持ちは一見謙虚に見えるが、自分の人生の苦難や死を受け止めることの放棄であったのかもしれない。

ある海外のシャーマンの先生は非常にお酒が好きで、いつも笑いながら飲み、「酒を飲んで恋愛し喧嘩し、笑っても泣いても人生の修行、馬鹿をやっても自分を反省し、人に思いやりをもっと持てるようになったらそれが修行」と節回しをつけ、歌のように語りながら周りの人のコップに酒を注いでいらした。

世の中には大変なことがあふれている。その大変なことから目をそらさず、ただ受け止め、大変な目にあっている人の隣人になり、ともに生きること。愛の業、菩薩行はすべての宗教の基本で、神になる道である。

この本を手に取り、ここまで読んでくださった方には、どのような宗教施設で祈ろうとも、宗教を否定しようともかまわないが、人を見下さず、過剰な欲望を持たず、自らの魂を輝かせ、人の幸せを祈る神のような人になっていただきたいと思う。私も神を目指していく。あなたも神を目指してほしい。そうしたら、世界はきっと平和に近づいていくだろう。

おわりに

人生は、本当にうたかたのようなものだ。人は、水面にほんの一瞬浮かんではあとかたもなく消えていく、あぶくのような定めなのである。あぶくは自分をあぶくだと思ってはいるが、しょせん、大きな湖や池の水の表面にあらわれる現象にしか過ぎない。あぶくはあぶくのままでは水の奥深くに潜ることはできず、自分が大きな水の一部だと知ることもできない。

あぶくの立場で水の奥深くまで探ろう、という無謀な試みで本書はでき上がった。私自身、人として年月は経てはいるものの、まだまだ弱く無知なのは十分承知している。ただ、誰か必要な人に、今まで私が全人生をかけて体験し、気づき考えてきたことを伝えねばならないと、ここしばらく何かが私を駆り立てていたのだ。

商業的なスピリチュアルや体感を伴わない神様や霊の話が流布すると、本当につらい状態の人が救われなくなってしまう。

三神間音は、降って湧いてきたペンネームである。私が翁でも少女でも読者の皆様には関係がないと思うので、もちろん顔をさらすつもりなどないが、本名の私では同業者やお客様の手前、本当のことが書けなくなってしまう。

この本は、集客や私自身をプロデュースするために書かれたものではない。霊的な真実や救いを求めている人と見えない霊的なコードでつながり、エールを送り、ヒントを与えるためのメッセージとして書かせていただいたものだ。出口王仁三郎聖師をはじめとする偉大な霊人たちを、私なりに自分の言葉で紹介したいという強い気持ちもあった。

私と読者の方は、一生お会いすることはない可能性が強いと思うが、ここまで目を通してくださったご縁に感謝し、私はあなたの人生を祝福したい。

思い込みの強い私が、憑依ともいえる勢いで書いた原稿に理解を示してくださった、たま出版の専務取締役中村利夫様、私が本を出すから表紙の絵をお願いしますと無理を承知でお願いしたら、その日にＯＫを出してくださった尼僧でもある明竜様、いままでお世話になった師匠たち、応援してくださった方々、お客様をはじめ、ご縁のあったすべての方に、いまここで感謝をお伝えします。

ここまで導いてくれた先祖霊と、先祖代々祀ってきた神様、日本中の世界中のすべての神様、三神間音は、いまここで、世界平和を重ね重ねお祈りさせていただきます。

三神　間音（みかみ　まのん）

宗教現象・霊学研究家。
市井を生きる霊能者・占い師としての歴は30年以上、20年前より鑑定が紹介とリピートのみで埋まる状態となり、現在もそれが続く。
祖父母が俗にいう民間祈祷師（拝み屋）で、幼いころから霊現象を目の当たりにして育つ。自らの霊体験の科学的根拠を各学術方面から調べたが答えが得られず、神や霊の本質を追求したいとの思いに駆られ、鬼籍に入られた古武術宗家兼験者の直弟子となる。さらに、真言宗得度、各種気功修練（世界医学気功学会気功指導員：於中国）、各種呪術・占術等、国内外のさまざまな師の元で研鑽を積む。

神の解明　～霊能者が読み解く霊的実在と成長のシステム～

2023年２月16日　初版第１刷発行

著　者　三神間音
発行者　韮澤潤一郎
発行所　株式会社たま出版
〒160-0004　東京都新宿区四谷４－28－20
☎　03-5369-3051（代表）
http://tamabook.com
振替　00130-5-94804
組　版　マーリンクレイン
印刷所　株式会社エーヴィスシステムズ

ISBN978-4-8127-0462-2　C0011